D0838759

PARIS
médiéval

PARIS
médiéval

Textes : Janine CASEVECCHIE
Photos : Jacques LEBAR

LA SEINE

La C

Église St.-Germain-des-Prés

La So

Hôtel de

BVD DE PO

Couvent
des Cordelières

Vers la basilique St.-Denis

St.-Pierre-de-Montmartre

VD DE ROCHECHOUART

Tour Jean-sans-Peur

Hôtel de Sens
Maison de Nicolas Flamel

Place de la Bastille

Notre-Dame   RUE DU FAUBOURG ST. ANTOINE

Enceinte Philippe-Auguste

Collège des Bernardins

St.-Julien-le-Pauvre

St.-Médard

AV DES GOBELINS

plan de Paris à la fin du Moyen Âge

Introduction
Introduction

Majestueuse, elle se dresse au cœur de l'île de la Cité comme le parfait symbole de l'art gothique. Notre-Dame est un des monuments parmi les plus visités de la capitale, mais même si elle a subi mutilations, transformations et heureusement restaurations, elle reste le témoignage le plus émouvant de cette époque à la fois trouble et créatrice que fut le Moyen Âge. On garde souvent de ces siècles passés l'image de soldats sanguinaires, brûlant tout sur leur passage, une époque de barbares placée sous le signe de l'Inquisition et qui contraste avec la Renaissance qui suivra. C'est

Majestic, it stands in the heart of the Île de la Cité as the perfect symbol of Gothic art. Notre-Dame cathedral is one of the most visited monuments in the French capital, and although it has undergone numerous mutilations, transformations, and fortunately, restorations, it remains the most moving of testaments to that turbulent but creative period of history that we call the Middle Ages. One often pictures those centuries as being filled with bloodthirsty soldiers, burning everything in their passage, or as a barbaric era placed under the sign of the Inquisition, in contrast the dawning of the Renaissance that followed. And there is a certain degree of truth to these images. Yet this era,

certainement vrai. Pourtant cette période, à laquelle Paris devint la capitale du royaume, fut riche et féconde ; un enseignement religieux et intellectuel s'y développa grâce aux nombreuses abbayes et au pouvoir qu'elles détenaient. Paris se peuplait et les constructions se multipliaient.

Que reste-il aujourd'hui de

during which Paris became the capital of the French kingdom, was both rich and fertile in developments; religious and intellectual learning spread, thanks to the numerous abbeys and the power they possessed. The population of Paris grew and the city's buildings multiplied.

What remains of the narrow and no doubt pestilential lanes – with only the periodic floods of the Seine river to wash them – of the small houses built of plaster and wood, all crammed together, which resisted neither Norman invasions, nor fires, nor Baron Haussmann, who during the Second Empire delivered the final blow that cleared away the whole twisted maze of medieval streets? It is impossible today, even from on top of the Centre Pompidou building or Montmartre hill, to detect the city's pattern dating from these times. But although hardly any of the ordinary dwellings are left, medieval Paris has not altogether vanished.

Without intending to be a historical work, thanks to the quality of its photos, the precision of its maps, and the commentary and anecdotes that accompany them, this guide for walking tours will help you explore the authentic vestiges of medieval Paris; vestiges that have been miraculously preserved, often embedded in buildings constructed much later or rediscovered in the course of archeological digs. Thus the wall that Philippe Auguste erected to protect his city before going off on Cru-

ces ruelles étroites et sans doute pestilentielles – on attendait alors les crues de la Seine pour les nettoyer –, de ces petites maisons, faites de plâtre et de bois, serrées les unes contre les autres, qui ne résistèrent ni aux invasions normandes, ni aux incendies, ni au baron Haussmann qui, sous le second Empire, assena le coup de grâce aux lacis des rues tortueuses ? Il est impossible aujourd'hui, même du haut de Beaubourg ou de Montmartre, de retrouver le dessin de la ville de cette époque. Pourtant, s'il ne reste pas grand-chose de l'habitat civil, le Paris médiéval est loin d'avoir disparu.

Sans prétendre être un ouvrage historique, ce guide de balades, grâce à la qualité de ses photos, la précision de ses plans et les commentaires et anecdotes qui les accompagnent, vous aidera à découvrir les vestiges authentiques du Paris médiéval ; des vestiges miraculeusement conservés, souvent encastrés dans des édifices construits plus tardivement ou redécouverts lors de fouilles archéologiques. Ainsi l'enceinte que Philippe Auguste fit édifier pour protéger sa ville avant son

sade, reappears in entire sections along certain streets and in the basements below the cour Carrée at the Louvre. A second wall built by Charles V can also be seen beneath the Carrousel du Louvre.

From the tower of Jean the Fearless,

looking somewhat lost among the buildings of the Haussmann period, to the intact bell-tower of Saint-Germain-des-Prés; from the splendour of the stained-glass windows and vaults of the Sainte-Chapelle to the still peaceful cloister of the Billettes; from the tiny church of Saint-Nicolas-le-Pauvre to the opulent enclosure of the choir at Notre-Dame… there are plenty of medieval sites that will stir emotion. Last but not least, if the Merovingian and Capetian monarchs built their residences in the capital itself, for their final resting-place they chose the magnificent Saint-Denis basilica nearby, which also contains the tomb of the first bishop and patron saint of Paris.

départ pour la croisade réapparaît par morceaux entiers au fil des rues et dans le soubassement de la cour Carrée du Louvre. Tout comme l'enceinte construite plus tard par Charles V et dont on a retrouvé les fondements sous le carrousel du Louvre.

De la tour de Jean sans Peur, un peu perdue parmi les immeubles haussmanniens, au clocher toujours intact de l'église de Saint-Germain-des-Prés ; de l'éclat des vitraux et des voûtes de la Sainte-Chapelle au cloître toujours silencieux des Billettes ; de la toute petite église de Saint-Nicolas-le-Pauvre à l'opulente clôture du chœur de Notre-Dame… l'émotion est toujours au rendez-vous. Sans oublier que, si les rois mérovingiens et capétiens avaient tenu à habiter la capitale, ils ont choisi comme dernière demeure la magnifique basilique Saint-Denis toute proche, lieu de sépulture du premier évêque et patron de Paris.

Quartier latin
The latin quarter

Au Moyen Âge, le Quartier latin avait une tradition solidement ancrée, à la fois religieuse et universitaire. Clovis donna naissance à une magnifique abbaye sur la montagne Sainte-Geneviève, Robert de Sorbon y créa une université qui a toujours connu des étudiants plus ou moins contestataires. La Sorbonne est une grande université et l'abbaye créée par Clovis est devenue un prestigieux lycée parisien. Mais les traces du Paris médiéval n'ont pas pour autant disparu. C'est d'ailleurs là que se trouve le magnifique musée consacré au Moyen Âge. Mais c'est en partant de la Seine pour remonter jusqu'à la montagne Sainte-Geneviève et redescendre par la rue Mouffetard jusqu'aux Gobelins.

In the Middle Ages the Latin Quarter was known for its religious and academic traditions. Clovis founded a magnificent abbey on the hill known as the Montagne Sainte-Geneviève, and later Robert de Sorbon opened a university that has always housed students more or less prone to protest. The Sorbonne is a famous university and Clovis's abbey a prestigious Parisian school. But traces of medieval Paris have not completely disappeared and there is a superb museum dedicated to the Middle Ages. If you leave the banks of the Seine, climb up the Montagne Sainte-Geneviève and back down through rue Mouffetard to the Gobelins, you will discover many remains of medieval arts during your walk.

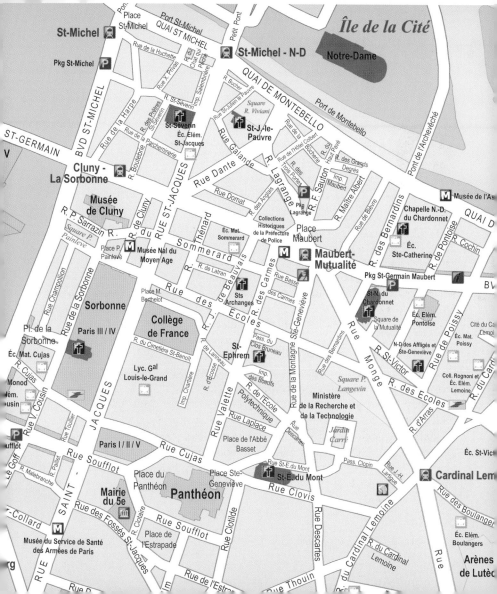

Saint-Julien-le-Pauvre

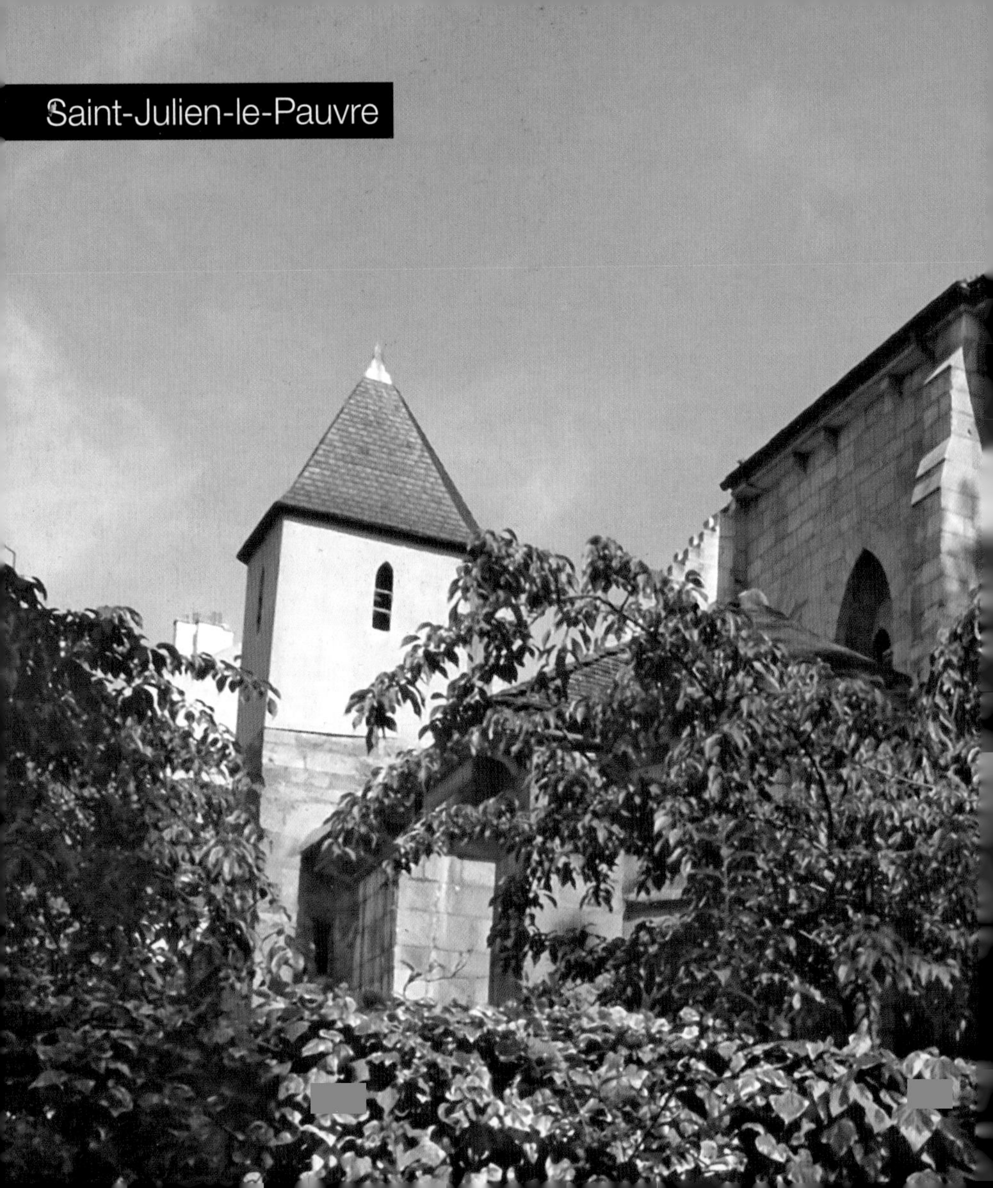

Saint-Julien-le-Pauvre,
vue du square
Rue Saint Julien-le-Pauvre et square Viviani (5ᵉ)

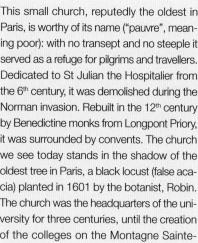

Cette petite église que l'on dit la plus vieille de Paris mérite bien son nom : sans transept, sans clocher, elle servait de refuge aux pèlerins et voyageurs. Dédiée dès le VIᵉ siècle à saint Julien l'Hospitalier, elle fut rasée lors de l'invasion des Normands. Reconstruite au XIIᵉ siècle par les Bénédictins du prieuré de Longpont, elle fut entourée de couvents : c'est l'église telle qu'on la voit aujourd'hui, à l'ombre du plus vieil arbre de Paris, un robinier (faux acacia) planté en 1601 par le botaniste Robin. Elle fut pourtant le siège de l'Université pendant trois siècles, jusqu'à la création des collèges de la montagne Sainte-Geneviève au XIVᵉ siècle.

This small church, reputedly the oldest in Paris, is worthy of its name ("pauvre", meaning poor): with no transept and no steeple it served as a refuge for pilgrims and travellers. Dedicated to St Julian the Hospitalier from the 6th century, it was demolished during the Norman invasion. Rebuilt in the 12th century by Benedictine monks from Longpont Priory, it was surrounded by convents. The church we see today stands in the shadow of the oldest tree in Paris, a black locust (false acacia) planted in 1601 by the botanist, Robin. The church was the headquarters of the university for three centuries, until the creation of the colleges on the Montagne Sainte-Geneviève in the 14th century.

Saint-Julien-le-Pauvre church,
view from the square

quartier latin
the latin quarter

Saint-Julien-le-Pauvre,
le puits

Rue Saint Julien-le-Pauvre et square Viviani (5ᵉ)

Après le déclin du prieuré, l'église subit toutes sortes de transformations et même de pillages : le mobilier et les statues furent détruites. Sa surface fut réduite en 1651, ce qui fit apparaître un vieux puits du XIIᵉ siècle qui, jusqu'à cette date, se trouvait à l'intérieur du collatéral de droite ; il a conservé sa vielle margelle de pierre.

Following the decline of the priory, the church underwent much transformation and was even pillaged: the furniture and the statues were destroyed. It was reduced in size in 1651, at which time an old well from the 12th century was discovered. Until then, it had lay hidden beneath the right side-aisle; its old stone coping still stands.

Saint-Julien-le-Pauvre church,
the well

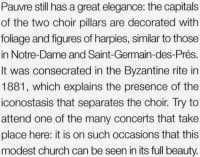

Saint-Julien-le-Pauvre,
la nef et le chœur

Rue Saint Julien-le-Pauvre et square Viviani (5ᵉ)

Toute de sobriété, la nef de Saint-Julien-le-Pauvre n'en est pas moins d'une grande élégance : les chapiteaux des deux piliers du chœur sont ornés de feuillages et de figures de harpies, semblables à ceux de Notre-Dame et de Saint-Germain-des-Prés. Elle est consacrée depuis 1881 au rite catholique grec, ce qui explique la présence de l'iconostase qui coupe le chœur en deux. N'hésitez pas à venir assister aux nombreux concerts qui y sont donnés : c'est dans de tels moments que cette modeste église prend toute sa beauté.

Plain and simple, the nave of St-Julien-le-Pauvre still has a great elegance: the capitals of the two choir pillars are decorated with foliage and figures of harpies, similar to those in Notre-Dame and Saint-Germain-des-Prés. It was consecrated in the Byzantine rite in 1881, which explains the presence of the iconostasis that separates the choir. Try to attend one of the many concerts that take place here: it is on such occasions that this modest church can be seen in its full beauty.

Saint-Julien-le-Pauvre church,
the nave and the choir

22

quartier latin
the latin quarter

Saint-Séverin,
vue d'ensemble
1, rue des Prêtres-Saint-Séverin (5ᵉ)

Saint Séverin était un ermite qui vivait dans un oratoire. C'est en souvenir de ce saint solitaire que fut construite, vers 1230, une église qui, la population du quartier devenant de plus en plus importante, connut des agrandissements jusqu'au XVᵉ siècle ; ce qui explique le mélange des styles, gothique (au XIIIᵉ) et flamboyant (au XVᵉ). On entrait autrefois dans l'église et dans le cimetière par la tour clocher ; au sommet de cette tour à quatre pans, à la flèche couverte d'ardoises, se trouve la cloche de l'horloge, dont le timbre frappe les heures. Cette horloge date de 1412 et fait partie des plus anciennes de Paris.

Saint Severin was a hermit who lived in an oratory. It was in memory of this solitary saint that a church was built around 1230, and as the local population grew, it was enlarged several times until the 15th century. This explains the mixture of styles, both early (13th century) and Flamboyant Gothic (15th century). Entry to the church and the cemetery was originally by the bell-tower; at the top of the four-sided tower, in the slate-covered spire, is the bell that sounds the hours. The clock dates from 1412 and is one of the oldest in Paris.

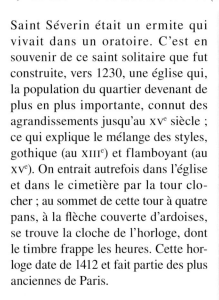

Saint-Séverin
church,
full view

Saint-Séverin,
l'abside
1, rue des Prêtres-Saint-Séverin (5ᵉ)

Le style gothique flamboyant est ici à son apogée : on est surpris de découvrir un décor si riche en motifs végétaux qui évoquent des arbres et des essences exotiques, assez éloignés de l'image austère que l'on a en général de cette époque. La double colonnade du chœur et du déambulatoire donne une impression de vie intense, par le mouvement ascensionnel de la pierre nervurée en forme de palmier. L'abside à cinq pans et à double déambulatoire et doubles chapelles rayonnantes permet le développement du plus bel ensemble de piliers de l'architecture flamboyante de Paris.

The Flamboyant Gothic style is seen here at its peak; it is a surprise to discover decoration so rich in motifs of vegetation, evocative of trees and exotic species far removed from the usual austere image we usually have of this era. The double colonnade of the choir and the ambulatory give the impression of intense life, through the upward movement of the ribbed stone in the form of palm trees. The apse, with its five sections, double ambulatory, and double apse chapels, showcases the most beautiful group of Flamboyant architectural pillars in Paris.

Saint-Séverin
church,
the apse

quartier latin
the latin quarter

Saint-Séverin,
le palmier « tors »
1, rue des Prêtres-Saint-Séverin (5e)

Le pilier d'axe est particulièrement remarquable. Il forme un palmier au tronc décoré de baguettes qui s'enroulent autour du fût, tandis que de la magnifique bague constituée de soufflets et mouchettes s'échappe un bouquet de nervures. Ce pilier fut célébré par l'écrivain symboliste Joris-Karl Huysmans comme « l'une des plus étonnantes ombelles que les artistes d'antan aient jamais brodées ».

The axis pillar is particularly remarkable. In the form of the trunk of a palm tree, with strips surrounding it, it has an intricate collar from which the ribs splay into a veined bouquet. The pillar was praised by the writer Joris-Karl Huysmans as "one of the most astonishing umbels that the artists of old had ever wrought."

Saint-Séverin
church,
the "twisted" palm tree

Saint-Séverin

Hôtel de Cluny,
le bâtiment principal
6, place Paul-Painlevé et 24, rue du Sommerard (5ᵉ)

Faire de ce magnifique hôtel, construit à la fin du XVᵉ siècle pour Jacques d'Amboise, le musée du Moyen Âge est une riche idée. Le bâtiment en lui-même est un des rares monuments de l'architecture civile en pur gothique flamboyant. Il faisait l'admiration de ses contemporains qui le surnommaient « le palais d'Amboise ». Il servait à l'origine de halte parisienne aux abbés de l'abbaye bourguignonne de Cluny. Transformé en musée grâce à un collectionneur privé du début du XVIIIᵉ siècle, il abrite une grande partie des richesses artistiques de la période gallo-romaine jusqu'à la fin du XVᵉ siècle. Il a été réaménagé récemment et mérite une visite approfondie.

Installing the Museum of the Middle Ages in this magnificent building, constructed at the beginning of the 15th century, was a superb idea. The building itself is one of the rare examples in Paris of civil architecture in the pure Flamboyant Gothic style. It won the admiration of its contemporaries and was nicknamed "The Amboise Palace". It was originally the Parisian stopping-place for abbots travelling from the abbey at Cluny in Burgundy. Transformed into a museum thanks to a private collector at the start of the 18th century, it is now home to a large number of artistic treasures dating from the Gallo-Roman period until the end of the 15th century. It was recently renovated and is worth a lengthy visit.

Hôtel
de Cluny,
the main building

Hôtel de Cluny,
la cour intérieure
6, place Paul-Painlevé et 24, rue du Sommerard (5e)

Desservi par un escalier d'honneur à vis, qui se trouve dans une tour extérieure à pans coupés, le bâtiment principal était clos du côté de la ville par un mur aveugle crénelé pourvu d'un chemin de ronde et simplement percé d'un portail pour que les carrosses puissent y pénétrer. L'hôtel était ainsi isolé du fracas des rues environnantes, aussi bruyantes, sinon plus, qu'aujourd'hui. La plus longue des ailes, formée de quatre arcades, servait sans doute de promenoir ou de salle des fêtes. La plus courte abritait les communs. Il ne reste rien du mobilier et des décorations de l'époque, mais le « château » mérite d'être vu.

Entered by means of a spiral staircase in a tower with cut-off corners, the main building was closed off from the surrounding town by a crenellated windowless wall with a rampart walk and with a gate to allow access for coaches. The building was thus kept isolated from the noises of the neighbouring streets, which were as loud – if not more so – than they are today. The longer of the wings, with four arches, was no doubt used as a standing gallery or an entertainment area. The shorter wing housed the outbuildings. There is nothing left of the original furniture or decoration, but this "castle" is certainly worth seeing.

Hôtel
de Cluny,
the inner courtyard

Hôtel de Cluny,
vue sur le jardin
6, place Paul-Painlevé et 24, rue du Sommerard (5e)

Une autre aile, vers le nord, comprend une salle et une chapelle. Elle donne sur le jardin médiéval, organisé pour le plaisir des habitants de la maison, mais aussi pour les nourrir grâce à un potager, et pour les soigner grâce au jardin des simples (plantes médicinales). En 2000, un jardin d'inspiration médiévale a été recréé sur 5 000 mètres carrés, entre le musée et le boulevard Saint-Germain. Une halte agréable et instructive.

Another wing to the north is made up of one room and a chapel. It looks on to the medieval garden which was arranged for the enjoyment of the house's inhabitants, as well as to feeding them thanks to the produce from its vegetable patch and healing them with its medicinal plants. In 2000, a medieval-style garden was recreated in a 5,000 square metre space between the museum and the boulevard Saint-Germain. A pleasant and instructive stopoff.

Hôtel
de Cluny,
view of the garden

Hôtel de Cluny

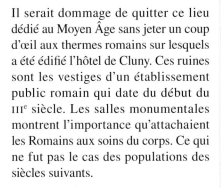

Les thermes gallo-romains,
6, place Paul-Painlevé et 24, rue du Sommerard (5ᵉ)

Il serait dommage de quitter ce lieu dédié au Moyen Âge sans jeter un coup d'œil aux thermes romains sur lesquels a été édifié l'hôtel de Cluny. Ces ruines sont les vestiges d'un établissement public romain qui date du début du IIIᵉ siècle. Les salles monumentales montrent l'importance qu'attachaient les Romains aux soins du corps. Ce qui ne fut pas le cas des populations des siècles suivants.

It would be a shame to leave this neighbourhood, dominated by the Middle Ages, without having a look at the Roman baths upon which the Hôtel de Cluny was built. The ruins are all that remains of a public establishment that dates from the beginning of the 3rd century. The huge rooms show the importance that the Romans attached to cleanliness. This was not always the case with the populations living here in the centuries that followed.

The gallo-roman baths

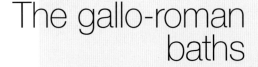

La Sorbonne,
la cour d'honneur
47, rue des Écoles (5e)

Ce fut la plus célèbre faculté de théologie entre le XIIIe et le XIVe siècle : le collège de Sorbon, que Robert de Sorbon fonda en 1258, était à cette époque destiné à accueillir les étudiants pauvres. En 1259, il devint le siège de la faculté de théologie de l'Université de Paris et acquit au fil des ans une réputation exceptionnelle : plus de dix mille étudiants s'y pressèrent à la fin du XIIIe siècle. Des bâtiments de cette époque, il ne reste aujourd'hui que le tracé de la première chapelle (1326) sur le pavage de la cour d'honneur de l'Université.

It was the most famous faculty of Christian theology in the 13th and 14th centuries: the College de Sorbonne, founded by Robert de Sorbon in 1258, was at the time intended for teaching students without means. In 1259 it became the seat of the faculty of theology of the University of Paris and acquired an exceptional reputation over the years: more than ten thousand students were attending by the end of the 18th century. Of the buildings dating from that era, today there only remains an outline of the first chapel (1326) on the paving stones of the University's courtyard of honour.

The Sorbonne,
the courtyard of honor

Collège des Bernardins,
vue de la rue de Poissy
18-24, rue de Poissy (5ᵉ)

Construit au XIIIᵉ siècle (en 1244) par l'abbé de Clairvaux, il fut repris par les membres de l'abbaye de Citeaux, qui voulaient diffuser la pensée cistercienne dans l'ensemble du monde chrétien. Le collège était à cette époque ceint d'un mur de huit mètres de haut pour empêcher les élèves de sortir faire la fête. Ce bâtiment, qui longe la rue de Poissy, abrite les seuls vestiges de cette époque : le réfectoire et les celliers.

Built in the 13th century (in 1244) by the Abbot of Clairvaux, this college was taken over by members of the Abbey of Citeaux who wanted to spread the philosophy of the Cistercian monastic order throughout the wider Christian world. At that time, the college was surrounded by an eight-metre high wall to prevent the students from going out to enjoy themselves. This building, which runs alongside the rue de Poissy, houses the sole remains from that era: the refectory and cellars.

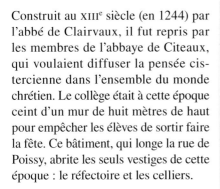

Collège
des Bernardins,
view from rue de Poissy

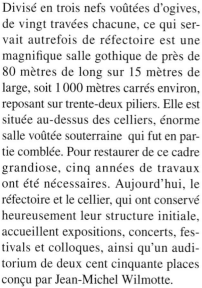

Collège des Bernardins,
le réfectoire
18-24, rue de Poissy (5e)

Divisé en trois nefs voûtées d'ogives, de vingt travées chacune, ce qui servait autrefois de réfectoire est une magnifique salle gothique de près de 80 mètres de long sur 15 mètres de large, soit 1 000 mètres carrés environ, reposant sur trente-deux piliers. Elle est située au-dessus des celliers, énorme salle voûtée souterraine qui fut en partie comblée. Pour restaurer de ce cadre grandiose, cinq années de travaux ont été nécessaires. Aujourd'hui, le réfectoire et le cellier, qui ont conservé heureusement leur structure initiale, accueillent expositions, concerts, festivals et colloques, ainsi qu'un auditorium de deux cent cinquante places conçu par Jean-Michel Wilmotte.

Divided into three diagonally ribbed and vaulted naves, with twenty bays each, this magnificent Gothic hall served as the college's refectory. It is nearly 80 metres long and 15 metres wide, making a space of approximately 1,000 square metres with thirty-two pillars. It is situated above the cellar, another enormous vaulted room underground that was later partially filled-in. It took five years to restore this grandiose setting. Today, the refectory and the cellars, which have happily preserved their original structure intact, provide space for exhibitions, concerts, festivals and conferences, as well as an auditorium of two hundred seats, designed by Jean-Michel Wilmotte.

Collège
des Bernardins,
the refectory

quartier latin
the latin quarter

Abbaye Sainte-Geneviève,
la tour Clovis
Lycée Henri-IV, 23, rue Clovis (5ᵉ)

Encastrée dans le lycée Henri-IV, cette tour est l'unique vestige de l'abbaye Sainte-Geneviève, dont elle constituait le clocher. Elle domine la ville du haut de la « montagne » baptisée du même nom que ladite abbaye. Sa base est romane (XIIᵉ siècle), alors que les deux étages supérieurs refaits au XVᵉ siècle sont de style gothique. On l'appelle aussi la tour aux faucons car elle est fréquentée par des faucons crécelles.

Now built into the Lycee Henri-IV, this former bell-tower is the only remaining vestige of the Sainte-Genevieve Abbey. It dominates the town from the top of the "*montagne*" (in fact a hill) that shares the same name as the abbey. The tower's base is Romanesque (12th century), but the two upper floors were rebuilt during the 15th century in the Gothic style. It is also known as the "kestrel tower" because it is frequented by those birds of prey.

Sainte-Geneviève Abbey,
the Clovis tower

Abbaye Sainte-Geneviève,
le réfectoire

Lycée Henri-IV, 23, rue Clovis (5ᵉ)

Peu de bâtiments subsistent du Moyen Âge. En dehors des caves et d'un rez-de-chaussée voûté d'ogives, il reste un sous-sol qui servait de cuisines aux moines – ce sont maintenant celles du lycée. Quant au réfectoire des moines (situé en bordure de la rue Clotilde), qui remonte à 1220, il est devenu la chapelle du lycée. Sur 30 mètres de long et 8 mètres de large, il ressemble à un immense vaisseau au toit magnifiquement voûté. Des têtes d'anges ornent les clés de voûte.

Not many traces of the buildings from the Middle Ages survive here. Apart from the cellar and a ground floor with ribbed vaults, there is also a basement that served as kitchens for the monks – and are today those of the lycée. As for the monks' refectory (situated nearby in rue Clotilde), dating from 1220, it is now the lycée's chapel. Thirty metres long by eight wide, it looks like an enormous vessel with a magnificent ribbed ceiling. Angels' heads adorn the keystones.

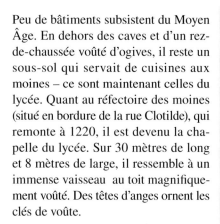

Sainte-Geneviève Abbey,
the refectory

Abbaye Sainte-Geneviève,
le cloître
Lycée Henri-IV, 23 rue Clovis (5ᵉ)

Autre vestige du XVᵉ siècle, dans l'aile ouest de la cour d'honneur, le cloître de l'abbaye fait aussi partie du lycée. Des cours s'y tenaient dans les années 1200, dispensés notamment par le célèbre Abélard, en conflit avec son maître Guillaume de Champeaux, archidiacre de Notre-Dame. Aujourd'hui, des colloques ou même des pièces de théâtre s'y déroulent régulièrement. Une occasion de visiter ce cloître désormais privé.

Another vestige of the 15th century, the abbey's cloister in the western wing of the courtyard of honour, now also forms part of the lycée. School lessons were given here around 1200, notably taught by the famous Abelard, in conflict with his master, Guillaume de Champeaux, archdeacon of Notre-Dame. Today, conferences or plays are regularly scheduled, offering an occasion to visit a cloister that is not otherwise open to the public.

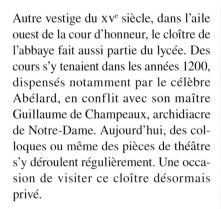

Sainte-Geneviève Abbey,
cloister

52

Enceinte Philippe-Auguste

5, rue Clovis (5ᵉ)

On peut suivre à travers tout Paris ce que fut l'enceinte construite par Philippe Auguste, en 1189 sur la rive droite et de 1200 à 1211 sur la rive gauche, pour protéger les Parisiens des invasions. Sur cette photo, on voit très bien l'épaisseur de l'enceinte, composée de deux murs épais, solides, l'espace entre ces deux parois étant rempli de petites pierres et de mortier. Au fil des siècles, la muraille ne fut pas détruite, mais au contraire elle servit d'assise à des constructions qui s'appuyèrent sur chacune de ses faces, permettant ainsi de notables économies aux entrepreneurs. Emprisonnée entre deux maisons sur une bonne partie de son parcours, la muraille survécut au fil des siècles.

One can follow around the whole of Paris the traces of the wall built by Philippe Auguste, in 1189 on the Right Bank of the city and from 1200 to 1211 on the Left Bank, to defend Parisians from invasion. In this photograph, you can clearly see the thickness of the wall, made up of two massive outer layers, with the space between being filled with small stones and mortar. Over the centuries the wall was not destroyed, but on the contrary was used to support constructions resting on either of its sides, which meant savings for builders. Thus imprisoned between houses for a large part of its route, the wall will survive for many more years.

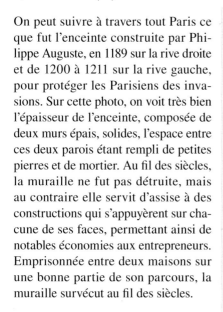

The wall of Philippe-August

Enceinte Philippe-Auguste

5, rue Clovis (5ᵉ)

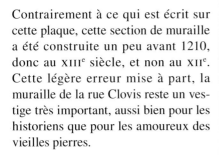

Contrairement à ce qui est écrit sur cette plaque, cette section de muraille a été construite un peu avant 1210, donc au XIIIᵉ siècle, et non au XIIᵉ. Cette légère erreur mise à part, la muraille de la rue Clovis reste un vestige très important, aussi bien pour les historiens que pour les amoureux des vieilles pierres.

Contrary to what is written on the plaque, this section of the wall was built a little before 1210, so it dates from the 13ᵗʰ century, not the 12ᵗʰ. This minor error notwithstanding, the part of the wall seen here in the rue Clovis is an important relic, as much for historians as for lovers of old stones.

The wall of Philippe-August

RESTE DE L'ENCEINTE
PHILIPPE AUGUSTE
XII SIECLE

Enceinte Philippe-Auguste,
le sous-sol de la poste
30, rue du Cardinal-Lemoine (5ᵉ)

On continue de suivre l'enceinte Philippe-Auguste de la rue des Fossés-Saint-Jacques à la rue de l'Estrapade, de la rue Descartes à la rue Thouin. Au 30 de la rue du Cardinal-Lemoine, le sous-sol du bureau de poste repose sur un morceau de cette enceinte qui, sur la rive gauche, court sur 2,5 kilomètres de la Seine au Panthéon, via Saint-Germain-des-Prés (voir plus loin).

One can continue to follow the Philippe-Auguste wall from rue des Fossés-Saint Jacques to rue de l'Estrapade, and from rue Descartes to rue Thouin. At number 30, rue du Cardinal-Lemoine, the basement of the local post office rests on part of the wall that, on the Left Bank, runs 2.5 kilometres from the Seine to the Panthéon, by way of Saint-Germain-des-Prés (see below).

The wall
of Philippe-August,
the post office basement

58

Enceinte Philippe-Auguste,
la crypte sous la poste
30, rue du Cardinal-Lemoine (5ᵉ)

Lors de la construction de l'enceinte Philippe-Auguste, une arche a été aménagée pour laisser passer ce canal de la Bièvre. C'est en 1991, lors des travaux de construction du bureau de poste (angle de la rue du Cardinal-Lemoine et de la rue des Écoles), que cette arche a été découverte, puis restaurée et mise en valeur avec le concours de l'association Paris historique.

At the time of construction of the Philippe-Auguste wall, an arch was added to let the canal de la Bièvre pass through. In 1991, when the post office was built (on the corner of rue du Cardinal-Lemoine and rue des Ecoles), this arch was discovered and restored to its former glory with assistance from the *"Paris historique"* association.

The wall
of Philippe-August,
the crypt beneath the post office

Église Saint-Médard,
la nef et le chœur
141, rue Mouffetard (5ᵉ)

C'était à l'origine, à l'époque mérovingienne, l'église d'un petit bourg situé sur les bords de la Bièvre, dédiée à saint Médard, évêque de Tournai. Comme beaucoup d'églises, elle fut détruite par les Normands et reconstruite au XIIᵉ siècle. Les trois premières travées de la nef et la façade sont de style gothique flamboyant, caractéristique du XVᵉ siècle. Son emplacement devant le marché de la rue Mouffetard lui donne un aspect de village de campagne.

Originally, during the Merovingian era, the church at this site served a small market town on the banks of the Bièvre river, and was dedicated to Saint Médard, the bishop of Tournai. In common with many other churches, it was destroyed by the Normans and reconstructed in the 12th century. The first three bays of the nave and the façade are in the Flamboyant Gothic style, characteristic of the 15th century. The location of the church in front of the market on rue Mouffetard gives it the feel of a country village.

Saint-Médard church,
the nave and the choir

Couvent des Cordelières,

les vestiges

Hôpital Broca, 54-56, rue Pascal (13ᵉ)

En continuant la rue Mouffetard vers les Gobelins, on peut aller voir ce qui reste du couvent des Cordelières, fondé par Marguerite de Provence à la fin du XIIIᵉ siècle dans ce qui s'appelait à l'époque la rue de Lourcine. Les quelques vestiges du couvent, que l'on peut voir dans le jardin de ce qui est devenu aujourd'hui l'hôpital Broca, méritent le détour avant la visite au mystérieux hôtel de la Reine-Blanche, fille de Marguerite de Provence.

Continuing along rue Mouffetard towards Les Gobelins, one comes across the remnants of the Cordelières convent, founded by Marguerite of Provence at the end of the 13th century, in what was then called rue de Lourcine. The vestiges of the convent stand in the garden of the present-day Broca hospital, and are worth seeing before a visit to the mysterious Hôtel de la Reine-Blanche [Queen Blanche, daughter of Marguerite of Provence].

Cordelières convent,
remnants

Hôtel de la Reine-Blanche

17, rue des Gobelins (13ᵉ)

Les historiens ne sont pas tous d'accord sur les habitants de ce lieu. Officiellement, la reine Blanche, fille de saint Louis et de Marguerite de Provence, se fit construire ce « petit » hôtel en l'an 1300, proche du couvent des Cordelières. Certains pensent que cette maison royale fut habitée par la comtesse de Savoie, Alix de Méranie, décédée en 1279, et par sa petite-fille Blanche de Bourgogne, épouse de Charles IV le Bel. Un incendie vint troubler en 1393 le mariage d'une de ses dames d'honneur et l'hôtel fut démoli en 1404. Le bâtiment que l'on voit aujourd'hui fut habité ensuite par une grande famille de teinturiers : les Gobelins.

Historians are not in agreement about the identity of the original residents of this site. Officially, Queen Blanche, daughter of Saint Louis and Marguerite of Provence, had a "small" townhouse built here in 1300, near the Cordelières convent. But some think that there was a previous dwelling inhabited by the countess of Savoy, Alix De Méranie, who died in 1279, and by her granddaughter Blanche of Burgundy, wife of Charles IV. A fire broke out in 1393 at the wedding of one of the royal ladies-in-waiting and the building was demolished in 1404. The building one sees today was inhabited by a famous family of dyers: the Gobelins.

Hôtel de la Reine-Blanche

Saint-Germain-des-Prés
Saint-Germain-des-Prés

Si ce quartier est aujourd'hui beaucoup plus connu pour ses clubs de jazz, ses intellectuels qui, dans les années 1950, ont rendu célèbres le café de Flore et celui des Deux-Magots, il n'en reste pas moins qu'il fut dès le IXe siècle un grand centre religieux, dirigé d'une main de maître par saint Germain, alors archevêque de Paris. Les enseignements étaient dispensés dans les collèges. Ce sont surtout les églises et les collèges qui sont à visiter, l'architecture civile médiévale ayant complètement disparu. Mais au fil des rues, on peut continuer de suivre la fameuse et impressionnante muraille édifiée par Philippe Auguste.

Although this district is now better known for its jazz clubs and its intellectuals who made the Café de Flore and the Deux Magots famous in the 1950's, it was once an important religious centre, beginning in the 9th century under the leadership of Saint Germain, then archbishop of Paris. Its *collèges* were major dispensers of knowledge in that era. Today, one can visit both *collèges* and churches, but examples of medieval civil architecture have long since disappeared. However, at the end of many streets you may see the famous and impressive defensive wall built by Philippe Auguste.

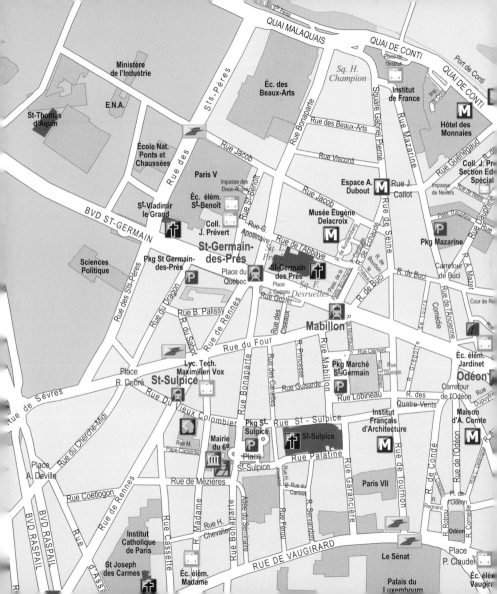

Saint-Germain-des-Prés

Couvent des Cordeliers,
la façade
15-21, rue de l'École-de-Médecine (6ᵉ)

Au Moyen Âge, les Franciscains comme les Dominicains étaient appelés « cordeliers », en raison de leurs vêtements faits d'un épais drap gris, d'une ceinture de corde et d'une capuche courte et arrondie. Ils faisaient partie de l'Ordre des mendiants, dont saint Louis fut un puissant protecteur. De nombreux couvents furent construits pour cet ordre, dont celui-ci, vers 1230. La tourelle à l'angle de la façade abrite un escalier à vis qui dessert l'étage. Comme dans de nombreux couvents, un enseignement y fut dispensé du XIIᵉ au XVᵉ siècle.

In the Middle Ages, Franciscans and Dominicans were called "Cordeliers" because of their costume, which consisted a thick grey robe, a belt of cord and a short, round hood. They were both medicant orders, of which Saint Louis was a fierce protector. Numerous monasteries were built for them, including this one around 1230. The turret adjoining the façade houses a spiral staircase. And like many monasteries, it provided instruction to students from the 12ᵗʰ to the15ᵗʰ centuries.

Cordeliers
monastery,
the façade

Couvent des Cordeliers,
le réfectoire
15-21, rue de l'École-de-Médecine (6ᵉ)

On peut aujourd'hui visiter le réfectoire qui, sur de près de 1 000 mètres carrés, a été restauré et propose expositions et concerts. Cette salle magnifique est divisée dans le sens de la longueur par une rangée de poteaux de bois qui soutiennent un plafond à solives apparentes. Du bâtiment initial – une église, deux cloîtres, une école de théologie, de nombreux dortoirs destinés aux moines –, seul ce réfectoire a bravé les siècles.

Today one can visit the refectory, a room nearly 1,000 square metres in area; it was restored and now hosts exhibitions and concerts. This magnificent room is divided lengthwise by a row of wooden posts that support the ceiling with visible joists. Of the original building – a church, two cloisters, a school of theology, and many monks' dormitories – only the refectory has survived the passage of time.

Cordeliers
monastery,
the refectory

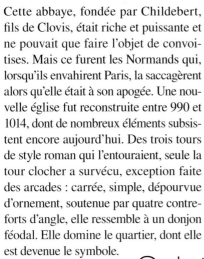

Église Saint-Germain-des-Prés,
la tour clocher
Place Saint-Germain-des-Prés (6e)

Cette abbaye, fondée par Childebert, fils de Clovis, était riche et puissante et ne pouvait que faire l'objet de convoitises. Mais ce furent les Normands qui, lorsqu'ils envahirent Paris, la saccagèrent alors qu'elle était à son apogée. Une nouvelle église fut reconstruite entre 990 et 1014, dont de nombreux éléments subsistent encore aujourd'hui. Des trois tours de style roman qui l'entouraient, seule la tour clocher a survécu, exception faite des arcades : carrée, simple, dépourvue d'ornement, soutenue par quatre contreforts d'angle, elle ressemble à un donjon féodal. Elle domine le quartier, dont elle est devenue le symbole.

The original abbey on this site, founded by Childebert, son of Clovis, was rich and powerful, and its wealth inevitably aroused greed. When it was at the height of its glory, it was sacked by the Normans who had invaded Paris. A new church was built between 990 and 1014, and many of its elements remain today. Of the three Romanesque-style towers that surrounded it, only the bell-tower survives, the exception made because of its design. It is square, simple, without ornament, supported by four buttresses, and looks like a feudal keep. It dominates the area of which it has become the symbol.

Saint-Germain-des-Prés church,
the bell-tower

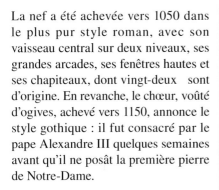

Église Saint-Germain-des-Prés,
la nef et le chœur
Place Saint-Germain-des-Prés (6ᵉ)

La nef a été achevée vers 1050 dans le plus pur style roman, avec son vaisseau central sur deux niveaux, ses grandes arcades, ses fenêtres hautes et ses chapiteaux, dont vingt-deux sont d'origine. En revanche, le chœur, voûté d'ogives, achevé vers 1150, annonce le style gothique : il fut consacré par le pape Alexandre III quelques semaines avant qu'il ne posât la première pierre de Notre-Dame.

The nave was completed around 1050 in the most pure Romanesque style, with its high central nave, grand archways, high windows, and capitals, of which twenty-two are original. On the other hand, the choir, with its ribbed vaults, was finished around 1150 and is of the Gothic style: it was consecrated by Pope Alexander III a few weeks before he laid the first stone of Notre-Dame cathedral.

Saint-Germain-des-Prés church,
the nave and the choir

Enceinte Philippe-Auguste,
la muraille

20, passage Dauphine (6ᵉ)

En principe, l'Institut de langues qui siège au 20, passage Dauphine est un lieu privé. Mais, comme il possède un amphithéâtre ouvert aux colloques et aux concerts, il est possible de le visiter. Car il présente l'intérêt d'être construit contre une section appréciable de la muraille de Philippe-Auguste. Et si vous insistez un peu, on vous montrera un morceau de tour, qui n'est visible que depuis le toit de l'institut.

In principle, the Institut des langues at number 20, passage Dauphine, is private. But, as they have a lecture hall that is open for conferences and concerts, it is possible to visit here. It is of interest because it was built next to a section of the Philippe-Auguste wall. If you insist a little, you may get to see a bit of one of the wall's towers, only visible from the roof of the institute.

The wall
of Philippe-Auguste,
wall section and tower

Enceinte Philippe-Auguste,
la muraille
Parking du 27, rue Mazarine (6e)

Il est rare de visiter un parking. Pourtant, celui de la rue Mazarine mérite un détour. On peut y admirer des morceaux conséquents et en parfait état de murailles et de tours de l'enceinte Philippe-Auguste, au premier comme au second sous-sol.

It is not often that one seeks to visit a car park. However, the one on rue Mazarine is worth a look. One can view sections of the Philippe-Auguste wall, including some of the watchtowers, on the first and second underground levels.

The wall
of Philippe-Auguste,
wall sections and towers

Enceinte Philippe-Auguste,
la muraille
Parking du 27, rue Mazarine (6ᵉ)

Au deuxième sous-sol du parking, on perçoit très bien les restes de la muraille qui poursuivait son chemin vers la Seine. Après le passage de la rue Dauphine, on la retrouve vers la rue de Nesle, à l'emplacement de l'Institut. Elle rejoint ainsi la Seine face au Louvre.

On the second underground level, one can see clearly sections of the wall as it runs towards the Seine river. After crossing rue Dauphine, we find it again towards the rue de Nesle, at the site of the Institute de langues. It meets the Seine opposite the Louvre.

The wall
of Philippe-Auguste,
wall sections

L'île de la Cité
The île de la Cité

C'est le cœur de Paris, et depuis long-temps : depuis que Clovis, en l'an 486, a fait de Paris sa capitale. Jusqu'au milieu du XIVe siècle, l'île de la Cité abrita le pouvoir politique et reli-gieux, avec le Palais-Royal d'un côté (aujourd'hui la Conciergerie) et Notre-Dame de Paris de l'autre. Aujourd'hui, Notre-Dame et la Sainte-Chapelle sont les plus beaux témoins de cette période, malgré tout prospère et riche de constructions grandioses que l'on ne pourrait sans doute jamais envisager de nos jours. Attardez-vous à la Sainte-Chapelle, mais prenez votre temps pour admirer cette perfection architecturale, ce chef-d'œuvre de l'art gothique qu'est Notre-Dame.

It has been the heart of Paris ever since Clovis made it his capital in the year 486. Until the middle of the 14th century, the Île de la Cité was the seat of both political and religious power, with the royal palace (now the Conciergerie) on one side, and Notre-Dame de Paris cathedral on the other. Notre-Dame and the Sainte-Chapelle remain the most beautiful monuments dating from this period, which despite difficult moments, was prosperous and rich in grandiose building projects beyond anything we could dream of today. Linger at the Sainte-Chapelle, but also take your time to admire the architec-tural perfection of Notre-Dame, that mas-terpiece of the Gothic style.

la Conciergerie

L'île de la Cité
The île de la Cité

Notre-Dame,
depuis le quai de la rive gauche
Place du Parvis-de-Notre-Dame (4ᵉ)

Elle est somptueuse de jour comme de nuit. Avant de l'approcher, il est bon de l'admirer d'abord du quai de la rive gauche. Certes, elle a subi de multiples transformations depuis 1163, date à laquelle le pape Alexandre III posa la première pierre, et surtout de nombreuses mutilations sous Louis XIV et pendant la Révolution. C'est à l'architecte Viollet-le-Duc (1814-1879) que nous devons la reconstitutionde Notre-Dame telle qu'elle était en 1330. Il y travailla pendant vingt-cinq… Mais rassurez-vous, la plus grande partie de la cathédrale est d'origine !

It is as sumptuous seen by day as it is by night. Before drawing closer, it's a good idea to admire it from the riverside on the Left Bank. To be sure, it has undergone many transformations since 1163, when Pope Alexander III laid the first stone, and above all, suffered numerous mutilations under Louis XIV and during the French Revolution. It is thanks to the architect Viollet-le-Duc (1814-1879) that we owe the reconstitution of Notre-Dame as it was back in 1330. He worked on this restoration for twenty-five years… But rest assured, most of the cathedral is the original building!

Notre-Dame,
view from the left bank

Île de la Cité

Notre-Dame,
vue du quai Saint-Michel
Place du Parvis-de-Notre-Dame (4ᵉ)

Maurice de Sully, élu évêque de Paris en 1160, décida de remplacer la vieille église qui tombait en ruines par une superbe cathédrale. Désapprouvé par saint Bernard, qui le trouvait trop fastueux et offensant pour la pauvreté que Dieu prônait, le projet n'en reçut pas moins les dons des nobles, du roi et du clergé. Maurice de Sully mourut en 1196, ce qui lui permit de surveiller sa construction pendant trente-cinq ans. On peut dire que le chœur, le maître-autel et le transept ont été édifiés sous Louis VII, la nef a été construite sous Philippe Auguste, les premières travées, la façade et les tours ont vu le jour sous saint Louis. Quant au reste des travaux, nous le devons à Jean de Chelles, Pierre de Montreuil, Jean Le Bouteiller.

Maurice de Sully, appointed bishop of Paris in 1160, decided to replace the old church which was falling in ruins with a superb new cathedral. Saint Bernard disapproved of this project, which he deemed too ostentatious and contrary to the poverty which God found most pleasing, but donations flowed in from the nobility, the king, and the clergy. Maurice de Sully died in 1196, after having watched over the construction for thirty-five years. The choir, the high altar, and the transept were built during the reign of Louis VII, the nave was completed under Philippe Auguste, while contruction of the first bays, the façade, and the towers were witnessed by Saint Louis. The remaining work was carried out by Jean de Chelles, Pierre de Montreuil, and Jean Le Bouteiller.

Notre-Dame,
view from the quai saint-michel

Notre-Dame,
le parvis
Place du Parvis-de-Notre-Dame (4e)

Le parvis actuel est six fois plus grand que celui d'origine, qui était au même niveau que la cathédrale. À l'époque, on jouait devant les églises des pièces de théâtre à thèmes religieux qui faisaient intervenir Dieu, le diable, les anges ; le porche représentait le paradis, qui, par déformation, devint « parvis ». C'est au baron Haussmann que l'on doit l'élargissement du parvis, duquel on peut, depuis qu'il a été aménagé, admirer Notre-Dame dans toute la splendeur et la noblesse de sa façade. C'est ce parvis qui marque le « kilomètre zéro » des routes de France.

The present-day parvis is six times bigger than the original one, which was at the same level as the cathedral itself. At the time, theatre plays with religious themes were performed in front of churches in God, the Devil, and the angels all had roles; the front porch of the church represented Paradise ("paradis" in French), which gradually devolved into the word "parvis". The prefect of Paris, Baron Haussmann was responsible for the enlargement of the parvis, from which one can now admire the façade of Notre-Dame in all its splendour and nobility. The parvis of the cathedral is also the "zero kilometre" point for all the roads in France.

Notre-Dame,
the parvis

Île de la Cité

Notre-Dame,
les portails
Place du Parvis-de-Notre-Dame (4ᵉ)

La façade de Notre-Dame présente un équilibre saisissant. Les trois portails ne sont pas symétriques, celui du milieu étant le plus vaste. Autrefois, toutes les statues étaient en couleur et se détachaient sur fond doré. Les vantaux des portails latéraux sont décorés de volutes de fer forgé et ciselé, œuvre du serrurier Biscornet. Devant la qualité et la finesse de ces volutes, on accusa Biscornet d'avoir eu besoin de la main du diable pour les exécuter, diable auquel il aurait vendu son âme. Le portail central est le portail du Jugement dernier, celui de gauche est le portail de la Vierge, celui de droite est dédié à sainte Anne.

The façade of Notre-Dame is extraordinarily well-balanced, although the three portals are not quite symmetrical and the one in the middle is much larger. In former times, all of the statues were painted in colours and stood out against a golden backgrround. The leaves of the lateral doors are decorated with volutes made of engraved wrought iron, the work of the locksmith, Biscornet. When the quality and delicacy of these volutes became known, Biscornet was accused of receiving help from the Devil in making them, in return for his immortal soul. The central portal is that of the Last Judgment, the one on the left is that of the Holy Virgin, and the one on the right is dedicated to Saint Anne.

Notre-Dame,
the portals

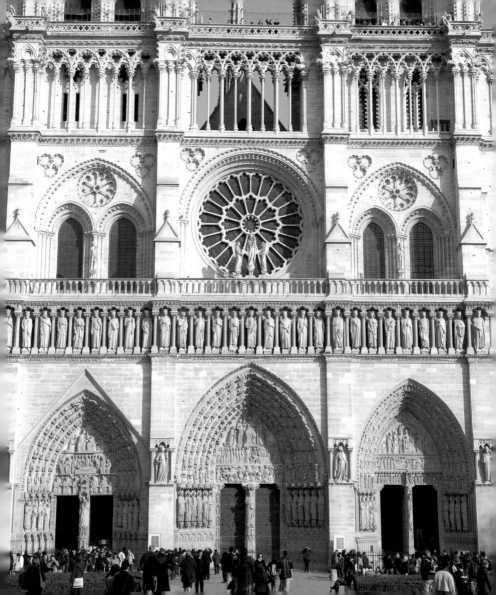

Notre-Dame,
la galerie des rois
Place du Parvis-de-Notre-Dame (4ᵉ)

Au-dessus des portails s'étend la large bande horizontale de la galerie des rois. Ses vingt-huit statues représentent vingt-huit générations de rois de Juda, descendants de Jessé et ancêtres humains de Marie et de Jésus. Cet ensemble souligne que Marie, vraie femme, née de la race humaine, engendre Jésus, vrai homme et vrai Dieu. Mises en place au XIIIᵉ siècle, ces statues peintes vont très vite apparaître comme des représentations des rois de France que les simples gens aimaient reconnaître. C'est pourquoi, au moment des troubles de la Révolution, elles subiront d'importantes mutilations comme symboles du despotisme royal et seront abattues. En 1843, quand les architectes Viollet-Le-Duc et Lassus acceptent de s'occuper du chantier de Notre-Dame, il ne demeure aucune de ces statues. Viollet-Le-Duc décide, avec l'aide de l'atelier de Geoffroi-Dechaume, de les restituer.

Above the portals is the large horizontal frieze known as the "gallery of kings". These twenty-eight statues portray the twenty-eight generations of the kings of Judah, descendants of Jesse and the human ancestors of Mary and Jesus. The ensemble highlights the idea that Mary, a woman born of the human race, gave birth to Jesus, a man and god. Installed at the start of the 13th century, these painted statues were soon taken to be representations of the kings of France in the eyes of ordinary people. From 1284 they were acknowledged as such and this tradition carried on for centuries. That is why at the time of the French Revolution the statues were vandalised and defaced, as symbols of royal despotism.

Notre-Dame,
the gallery of kings

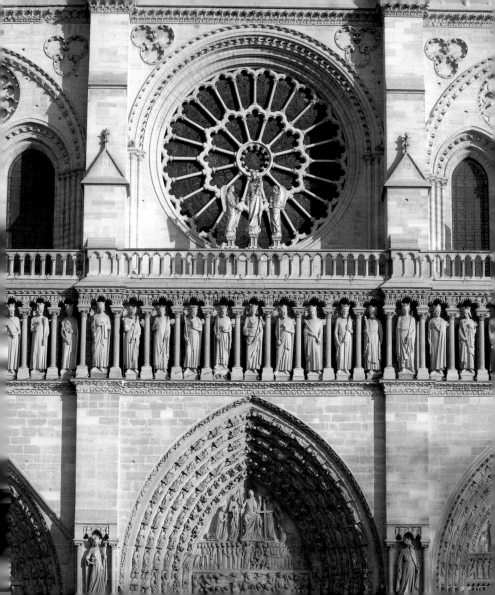

Notre-Dame,
le portail central
Place du Parvis-de-Notre-Dame (4ᵉ)

Installé dans les années 1220-1230, le portail central représente le Jugement dernier tel qu'il est décrit dans l'Évangile selon Saint Matthieu. Au linteau inférieur, les morts ressuscitent et sortent de leur tombe. Juste au-dessus, au linteau supérieur, l'archange Michel pèse leur âme et, suivant la vie qu'ils ont menée sur la terre et l'amour qu'ils ont manifesté envers Dieu et les hommes, les élus sont conduits à gauche vers le Paradis (à la droite du Christ) tandis que les damnés sont menés par un diable vers l'enfer à droite.

Built between 1220 and 1230, the central portal represents the Final Judgement as described in the Gospel of Saint Matthew. On the lower lintel the dead are leaving their graves. Just above them on the higher lintel, the Archangel Michael weighs their souls, and depending on the lives they lived on earth and the love they showed to God and man, they are either chosen and raised up to Heaven (on Christ's right-hand side) or condemned and taken down to Hell by a devil (to his left, or the right of the viewer).

Notre-Dame,
the central portal

104

île de la Cité
The île de la Cité

Notre-Dame,
le portail central (détail)
Place du Parvis-de-Notre-Dame (4ᵉ)

Le Christ est majestueusement assis sur un trône et montre les plaies de ses mains ; les deux anges qui l'entourent portent les instruments de la Passion : la lance, les clous et la Croix. Les anges, les patriarches, les saints, les apôtres forment autour de lui une cour céleste. Très abimés pendant la Révolution notamment, les deux linteaux ont été refaits par Viollet-le-Duc. Et la dernière restauration en 2000 a montré avec certitude qu'à l'origine tout ce monde, aussi bien ceux qui allaient en enfer que ce qui gagnaient le paradis étaient peints de couleurs très symboliques pour les différencier.

Christ is majestically seated on a throne, displaying his wounds. The two angels by his side bear the instruments of the Passion: the spear, the nails and the cross. Above him, angels, patriarchs, saints, and apostles form a heavenly host. Particularly badly damaged during the French Revolution, the two lintels were reconstructed by Viollet-le-Duc. The latest restoration, in 2000, confirmed that originally all of the statues were painted in highly symbolic colours to distinguish the damned souls going to Hell from the blessed ones admitted to Heaven.

Notre-Dame,
the central portal (detail)

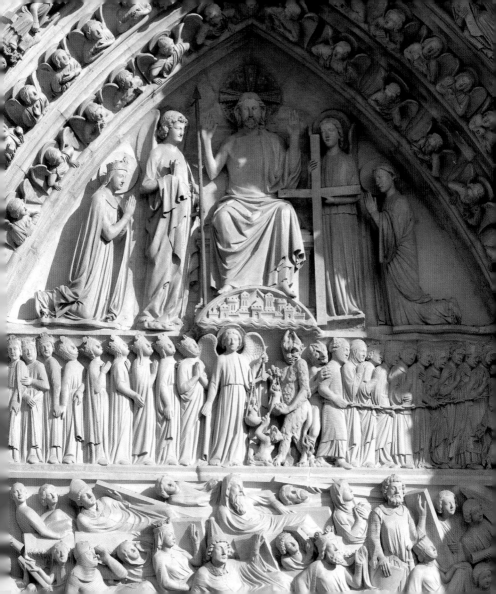

Île de la Cité

Notre-Dame,
les tours
Place du Parvis-de-Notre-Dame (4ᵉ)

D'après les experts, les tours ne sont pas symétriques : celle de gauche est plus large que celle de droite. Les cloches qu'elles abritaient permettaient autrefois aux fidèles de connaître les heures, mais aussi de se rassembler et de prier. Dès la fin du XIIᵉ siècle, l'édification de la cathédrale étant encore loin d'être terminée, il est fait mention de la sonnerie des cloches précédent les offices. Cette sonnerie s'étoffa au cours des siècles au rythme de la vie de l'édifice et de son rayonnement. Huit cloches dans la Tour Nord, deux bourdons dans la Tour Sud, sept cloches dans la flèche accompagnées de trois pour la sonnerie de l'horloge : cet ensemble et cette spatialisation constituèrent un véritable paysage sonore dans le ciel de Paris jusqu'à la fin du XVIIIᵉ siècle. Aujourd'hui la cloche de la tour Sud, le « bourdon » ne sonne que pour les grandes fêtes ou les grands événements.

According to experts the two towers are not symmetrical: the left-hand one is taller than the right. The bells housed inside them allowed the faithful to not only keep track of time, but also called them to prayer. There have been references to the ringing of the bells to announce mass from the end of the 12th century, long before the cathedral was actually completed. Bell-ringing has become more elaborate over the centuries as the cathedral has grown in stature and influence. There are eight bells in the north tower, two great bells in the south tower and seven bells in the spire accompanied by three more for the clock's ringing. Together these bells formed a soundscape in the Parisian sky until the end of the 18th century. Today the south tower's big bell is only rung for great events or celebrations.

Notre-Dame,
the bell-towers

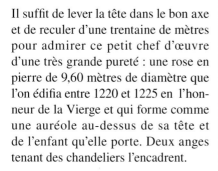

Notre-Dame,
la rose de la Vierge
Place du Parvis-de-Notre-Dame (4e)

Il suffit de lever la tête dans le bon axe et de reculer d'une trentaine de mètres pour admirer ce petit chef d'œuvre d'une très grande pureté : une rose en pierre de 9,60 mètres de diamètre que l'on édifia entre 1220 et 1225 en l'honneur de la Vierge et qui forme comme une auréole au-dessus de sa tête et de l'enfant qu'elle porte. Deux anges tenant des chandeliers l'encadrent.

You only have to raise your head and back up 30 metres or so in order to admire a most beautiful work of art: a rose window 9.6 metres in diameter, built between 1220 and 1225 in honour of the Virgin Mary and forming a halo abover her and the child she carries. It is framed by an angel on each side.

Notre-Dame,
the rose window of the Virgin

Île de la Cité

Notre-Dame,
le chevet
Place du Parvis-de-Notre-Dame (4ᵉ)

Avant de pénétrer à l'intérieur de la cathédrale, on peut aller admirer son chevet et se laisser impressionner par ces arches de pierre qui ne sont pas là pour décorer la façade est, mais pour la seule décoration et ces arches de pierre qui s'élancent à l'assaut de la cathédrale sont là pour contrecarrer la poussée terrible du poids de la voûte, d'autant que les murs du choeur sont très hauts et percés d'une série très serrée de hautes ouvertures. Ici, tout est évidé pour laisser entrer la lumière : les murs, et les arcs-boutants qui les maintiennent comme autant d'étais de pierre. Les arcs-boutants, dessinés par Jean Ravy, maître d'oeuvre de 1318 à 1344, ont plus de 15 mètres de portée.

Before entering the cathedral it is worth admiring the apse and the stone arches that are not there simply to decorate the eastern façade (known as the "chevet"), but act as a counterweight to the enormous mass of the nave, as well the walls of the choir with its series of windows at the top. The walls and the flying buttresses were designed to allow as much light as possible to enter the cathedral. The flying buttresses span more than 15 metres and were the work of Jean Ravy, who was in charge of construction between 1318 and 1344.

Notre-Dame,
the chevet

Notre-Dame,
le portail Saint-Étienne
Place du Parvis-de-Notre-Dame (4ᵉ)

Situé au niveau du bras sud du transept, le portail Saint-Étienne commencé par Jean de Chelles en 1257, raconte la vie du premier martyr chrétien. La rosace qui avait beaucoup souffert au cours des siècles et surtout au cours d'un incendie a été redressée par Viollet-le-Duc. Mais ce qui est encore plus intéressant, c'est le remarquable pignon qui s'élève au-dessus de la rosace. Il fut construit en 1257. Il est lui-même percé d'une rose ajourée qui éclaire le comble du transept. Après cette visite extérieure, il est temps de pénétrer dans ce chef d'œuvre de l'art médiéval.

Located on the southern arm of the transept, the Saint-Étienne portal was begun in 1257 by Jean de Chelles and tells the story of the life of the first Christian martyr. The rose window suffered damage over the centuries, above all in a fire, but its restoration was carried out by Viollet-le-Duc. Even more interesting than the window is the remarkable gable to be found above it. The gable itself has an ornamental rose window that sheds light on the transept. Having completed a visit of the exterior, it is time to enter this masterpiece of medieval art.

Notre-Dame,
the Saint-Étienne portal

Notre-Dame,
la ou les nef(s)
Place du Parvis-de-Notre-Dame (4ᵉ)

À la première visite, on a le souffle coupé par tant de beauté, de clarté tant la lumière est partout à la fois diffuse et irréelle. En fait la cathédrale contient cinq nefs, entourées de trente-sept chapelles. La nef centrale est une merveille de symétrie et les piliers massifs qui soutiennent, comme en se jouant de la pesanteur, la voûte à 35 mètres de hauteur, nous donnent des leçons de perspective. Elle conduit à un chœur dont le déambulatoire permet, tout comme les nefs et les chapelles adjacentes, d'apprécier toutes les merveilles que la cathédrale offre ou dissimule parfois.

On a first visit to Notre-Dame one's breath is taken away by the vision of beauty and clarity revealed by the interior light, which is both diffuse and dreamlike. The cathedral has five naves and thirty-seven chapels. The central nave is a marvel of symmetry and the massive pillars holding it up seem to toy with gravity; the vault is 35 metres high and gives a real lesson in perspective. It leads to a choir whose ambulatory, along with the naves and numerous chapels, provides a view of the many marvels that the cathedral has to offer.

Notre-Dame,
the naves

Île de la Cité

Notre Dame,
la clôture du chœur
Place du Parvis-de-Notre-Dame (4ᵉ)

En France, des clôtures de chœur existaient dans les églises cathédrales primitives ; au XIIᵉ siècle, les évêques français reconstruisirent ces monuments sur des plans beaucoup plus vastes pour pouvoir être isolés plus efficacement des fidèle qui devenaient de plus en plus nombreux. La clôture du choeur a été commencée en 1300 par Jean de Chelles, continuée par Jean Ravy en 1318 et achevée en 1351 par Jean Le Bouteiller. Certaines sculptures d'origine, relatives à la naissance et à la vie du Christ subsistent encore. Ce sont les plus anciennes de Notre-Dame.

In France, choirs were present in the very first cathedrals. In the 12ᵗʰ century French bishops started to build them on a vaster scale in order to separate themselves more fully from the faithful, who were growing in number. The choir in Notre-Dame of Paris begun in 1300 by Pierre de Chelles, continued by Jean Ravy in 1318 and completed by Jean Le Bouteiller. Some of the original sculptures, referring to the birth and life of Christ, are still there. They are the oldest in the cathedral.

Notre-Dame,
the choir enclosure

île de la Cité
The île de la Cité

Notre-Dame,
la clôture du chœur (détail)
Place du Parvis-de-Notre-Dame (4ᵉ)

Île de la Cité

Suivant l'usage, l'architecture et la statuaire de la clôture du chœur étaient peintes et dorées. On distingue la clôture nord de celle du sud, les deux parties ayant un style et un âge différent. Datant des XIIIᵉ et XIVᵉ siècles, ces sculptures racontent dans des scènes très imagées l'enfance du Christ, sa vie, sa mort et les apparitions après sa résurrection. Depuis la Visitation, jusqu'au massacre des saints innocents. Toutes ces scènes sont polychromes et les couleurs ont été restaurées par Viollet-le-Duc.

Depending on their purpose, the architectural elements and statues in the choir were sometimes painted or gold-plated. The north side is easily distinguished from the south, each part having its own distinct style and age. Dating from the 13th and 14th centuries, these sculptures portray very colourful scenes from the youth of Christ, his life and death, his apparitions following Resurrection, and from the Visitation until the massacre of the innocent saints. The colours in these polychrome scenes were restored by Viollet-le-Duc.

Notre-Dame,
the choir enclosure (detail)

Notre Dame,
la Vierge Saint-Aignan
Place du Parvis-de-Notre-Dame (4ᵉ)

Aujourd'hui placée à droite du chœur, cette magnifique statue de la Vierge était à l'origine dans la chapelle Saint-Aignan. C'est à la Révolution qu'on l'installa à Notre-Dame. Après avoir orné le trumeau du portail de la vierge, elle fut mise à l'abri à l'intérieur de la cathédrale contre le pilier sud-est de la croisée du transept.

This magnificent statue of the Virgin is today found at the right of the choir, but it was originally placed in the Saint-Aignan chapel. During the French Revolution it was brought to Notre-Dame. It was first used to decorate the trumeau of the portal of the Virgin, but was then brought inside the cathedral, to the south-east pillar of the transept crossing.

Notre-Dame,
the Saint-Aignan Virgin

Notre-Dame,
la rose du transept nord
Place du Parvis-de-Notre-Dame (4ᵉ)

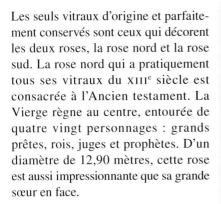

Île de la Cité

Les seuls vitraux d'origine et parfaitement conservés sont ceux qui décorent les deux roses, la rose nord et la rose sud. La rose nord qui a pratiquement tous ses vitraux du XIIIᵉ siècle est consacrée à l'Ancien testament. La Vierge règne au centre, entourée de quatre vingt personnages : grands prêtes, rois, juges et prophètes. D'un diamètre de 12,90 mètres, cette rose est aussi impressionnante que sa grande sœur en face.

The only original and perfectly preserved stained-glass windows are the north and south rose windows. The north rose window, which has nearly all of its original panes dating from the 13th century, is dedicated to the Old Testament. The Virgin Mary sits at the centre, surrounded by twenty-four people: high priests, kings, judges, and prophets. With a diameter of 12.9 metres, this rose window is just as impressive as its big sister opposite.

Notre-Dame,
the rose window of the north transept

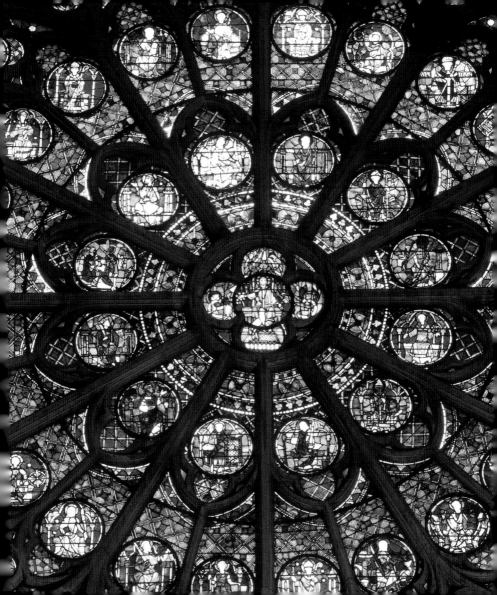

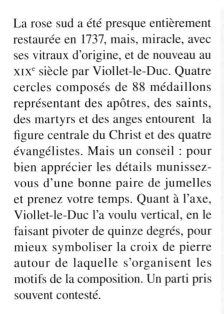

Notre-Dame,
la rose du transept sud
Place du Parvis-de-Notre-Dame (4e)

La rose sud a été presque entièrement restaurée en 1737, mais, miracle, avec ses vitraux d'origine, et de nouveau au xixe siècle par Viollet-le-Duc. Quatre cercles composés de 88 médaillons représentant des apôtres, des saints, des martyrs et des anges entourent la figure centrale du Christ et des quatre évangélistes. Mais un conseil : pour bien apprécier les détails munissez-vous d'une bonne paire de jumelles et prenez votre temps. Quant à l'axe, Viollet-le-Duc l'a voulu vertical, en le faisant pivoter de quinze degrés, pour mieux symboliser la croix de pierre autour de laquelle s'organisent les motifs de la composition. Un parti pris souvent contesté.

The south rose window was almost completely restored in 1737, but – miraculously – with its original panes, and again in the 19th century by Viollet-le-Duc. Four circles of eighty-eight pieces representing the apostles, saints, martyrs, and angels surround the central figure of Christ and the four evangelists. A word of advice: to really appreciate the details, bring a pair of binoculars and take your time. During restoration work, Viollet-le-Duc tilted it up by fifteen degrees to give it a vertical axis, thereby highlighting the stone lacework around which the composition's patterns are organised. An oft-contested decision.

Notre-Dame,
the rose window of the south transept

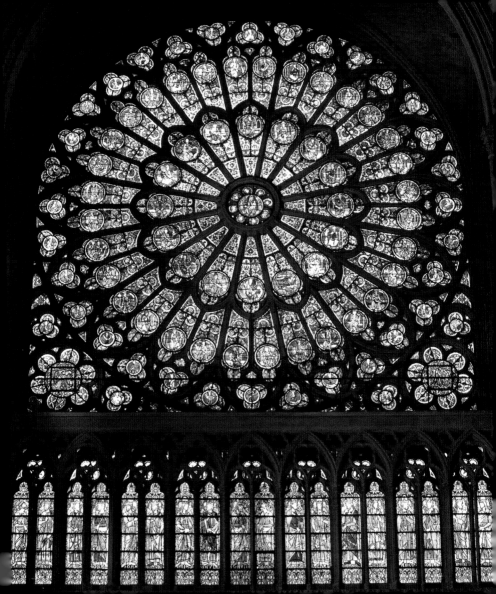

Notre-Dame,
la Chapelle Saint Rémi
Place du Parvis-de-Notre-Dame (4e)

Un exemple de l'art statuaire de Notre Dame : le monument funéraire Jean Jouvenel, décédé en 1431) et de son épouse, Michèle de Vitry, morte en 1456. Originaire de Troyes, cet ancien avocat devient prévôt des marchands.

This is a good example of the statuary art of Notre-Dame: the funeral monument of Jean Jouvenel (died 1431) and his wife, Michèle de Vitry (died 1456). Originally from Troyes, this former lawyer became the *prévôt des marchands* (provost of merchants) in Paris.

Notre-Dame,
the Saint-Rémi chapel

Notre-Dame,
les flèches
Place du Parvis-de-Notre-Dame (4ᵉ)

La première flèche fut construite au-dessus de la croisée du transept au XIIIᵉ siècle, vraisemblablement entre 1220 et 1230. Des flèches aussi hautes souffrent du vent qui plie et affaiblit leurs structures. La flèche est déformée lentement, les solives se faussent, jusqu'à l'écroulement total. La flèche d'origine fut démontée en 1786, après plus de cinq siècles d'existence. La cathédrale resta sans flèche jusqu'à la restauration dirigée par Viollet-le-Duc. Elle est en chêne recouvert de plomb et pèse 750 tonnes.

The first spire was built above the transept crossing in the 13th century, probably between 1220 and 1230. Spires of that height suffered due to the wind, which bent and weakened their structure. The spire slowly twisted and the joists bent until the whole thing fell apart. The original spire was taken down in 1786 after more than five hundred years. The cathedral remained spireless until the restoration under Viollet-le-Duc. The present-day spire is built of oak covered with lead and weights 750 tonnes.

Notre-Dame,
the spires

Conciergerie,
le palais-forteresse
2, boulevard du Palais (1ᵉʳ)

Ce fut la première demeure des rois Capétiens et avec la Sainte Chapelle les vestiges du plus ancien palais royal parisien. Le roi Philippe le Bel voulait signer sa puissance royale et un contexte politique favorable lui fit ériger un palais somptueux. En 1358, les Parisiens sous la conduite d'Étienne Marcel, en font le siège qui se termine de manière sanglante. Quand Charles V devint roi, il préféra s'installer au Louvre. La Conciergerie devint une des prisons les plus importantes au XVᵉ siècle. Les visites se font par l'entrée du Quai de l'Horloge.

This was the first dwelling of the Capetian kings and, along with the Sainte Chapelle, is a remnant of the oldest royal palace in Paris. Philippe the Fair wanted to show off his royal power and during a favourable political context he succeeded in building a more sumptuous residence here. In 1358, Parisians led by Etienne Marcel laid bloody siege to it. When Charles V became king he preferred the Louvre. During the 15th century, the Conciergerie became one of the biggest prisons in France. The visitors' entrance is located on the quai de l'Horloge.

The Conciergerie,
the fortress palace

Conciergerie,
la tour de l'Horloge
1, quai de l'Horloge (1ᵉʳ)

La plus ancienne prison de France était pourvue de quatre tours ; la tour de l'Horloge, moins haute que les autres, était aussi appelée tour d'Argent et servait, dit-on, de dépôt au trésor des rois de France. Elle a été complètement restaurée au XIXᵉ siècle telle qu'elle était en 1585, avec sa vieille horloge même. Les trois autres tours, parmi lesquelles celle de César ou de Montgomery et celle de Bombec, également restaurées à la même époque, sont les seules qui gardent quelques vestiges des premières constructions.

The oldest prison in France had four towers. The "clock tower" was lower than the others and was also known as the "silver tower" because, it was said, the treasures of the French kings were stored here. In the 19th century it was restored to its former glory, exactly as it was in 1585, even with the same clock. The three other towers, named "César", "Montgomery", and "Bombec", were also restored at the same time, and they are all that is left of the original construction.

The
Conciergerie,
the clock tower

Sainte-Chapelle,
le chevet et le flanc sud
4, boulevard du Palais (1er)

Véritable joyau de l'architecture gothique rayonnante, la Sainte Chapelle a été édifiée par saint Louis, pour y abriter les reliques de la Passion du Christ. Il avait en effet acheté aux Vénitiens la couronne d'épines en 1239 et les fragments de la sainte croix et des instruments du supplice à Baudouin II, empereur d'Orient en 1241. Érigée en six ans, elle fut achevée en 1248. Son auteur pourrait être Pierre de Montreuil, architecte de Notre-Dame de Paris et de l'abbaye de Saint-Denis. Élevée au milieu de la cour du Palais, elle communique directement avec les appartements royaux. Elle fut consacrée en 1248.

A veritable jewel of Gothic architecture at its height, the Sainte-Chapelle was built by Saint Louis to house the relics of the Passion of the Christ. He bought the Crown of Thorns from Venice in 1293 and fragments of the True Cross were later added, while other relics were purchased from Baldwin II of Constantinople in 1241. Constructed in six years, it was completed in 1248. The architect may have been Pierre de Montreuil, who also worked on Notre-Dame de Paris and the Saint-Denis Abbey. Placed in the courtyard of the palace, Sainte-Chapelle had a direct passage to the royal apartments. It was consecrated in 1248.

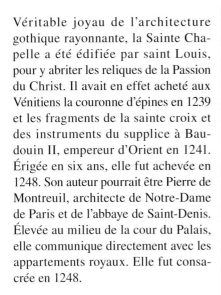

The
Sainte-Chapelle,
the chevet and south flank

Sainte-Chapelle,
la chapelle haute
4, boulevard du Palais (1ᵉʳ)

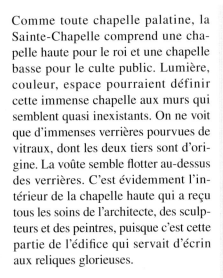

Comme toute chapelle palatine, la Sainte-Chapelle comprend une chapelle haute pour le roi et une chapelle basse pour le culte public. Lumière, couleur, espace pourraient définir cette immense chapelle aux murs qui semblent quasi inexistants. On ne voit que d'immenses verrières pourvues de vitraux, dont les deux tiers sont d'origine. La voûte semble flotter au-dessus des verrières. C'est évidemment l'intérieur de la chapelle haute qui a reçu tous les soins de l'architecte, des sculpteurs et des peintres, puisque c'est cette partie de l'édifice qui servait d'écrin aux reliques glorieuses.

As with all palace chapels, the Sainte-Chapelle had an upper chapel for the king and a lower chapel for the people. Light, colour, and space perfectly define this huge room with walls that seem almost invisible. All you can see are the immense stained-glass windows, two thirds of which are original. The central vault appears to float above the glass. It was obviously the interior of the upper chapel that received the most attention from the architects, painters, and sculptors; it was this part of the building which served as a setting for the glorious relics.

The Sainte-Chapelle,
the upper chapel

Sainte-Chapelle,
la chapelle haute (détail)
4, boulevard du Palais (1ᵉʳ)

En plus de ses merveilleux vitraux, la chapelle haute qui culmine à 21 mètres, est pourvue de voûtes peintes en bleu et semée d'étoiles d'or. On ne peut qu'être étonnés devant la magnificence des lieux et la finesse de la décoration.

In addition to its beautiful stained-glass windows, the upper chapel, more than twenty-one metres high, features vaults painted blue with golden stars. One can only gaze in wonder at the splendour of the place and the delicacy of the decoration.

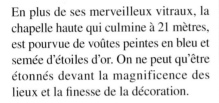

The
Sainte-Chapelle,
the upper chapel (detail)

la Sainte-Chapelle

Sainte-Chapelle,
le reliquaire
4, boulevard du Palais (1er)

Au fond de l'abside, au lieu d'autel, s'élève, appuyé sur de minces colonnettes peintes en bleu, le reliquaire, abrité par une coupole où reposait autrefois la couronne d'épines qu'on voit représentée dans la frise polychrome, soutenue par deux anges. C'est là que les saintes reliques étaient conservées dans la chapelle haute, reposant dans cette châsse, au fond de l'abside. Elles étaient présentées aux fidèles tous les vendredis saints.

At the rear of the apse, in place of the altar and supported by thin columns painted blue, stands the reliquary. It is topped by a cupola upon which once rested the Crown of Thorns, also depicted on the nearby polychrome frieze being borne by two angels. It was in this shrine that the relics were stored in the upper chapel. They were displayed to the faithful on Good Friday each year.

The
Sainte-Chapelle,
the reliquary

Sainte-Chapelle,
les vitraux de la chapelle haute
4, boulevard du Palais (1ᵉʳ)

Ce vitrail orne la septième baie de la Sainte-Chapelle. Les vitraux, outre leur importance historique et décorative ont aussi une mission architecturale : celle de fermer l'espace. Ces 600 mètres carrés de verrière – dont les deux tiers sont d'origine – offrent l'ensemble le plus complet de l'art du vitrail au XIIᵉ siècle. Les rouges et les bleus, qui tranchent avec les couleurs de la rose occidentale du XVᵉ siècle, y dominent. La structure élégante et aérienne de l'édifice s'efface devant la splendeur des vitraux, qui racontent toute l'histoire de l'humanité, de sa création à sa rédemption par le Christ, à travers la Bible.

This stained-glass window decorates the seventh bay of the Sainte-Chapelle. The windows, as well having decorative and historical importance, also have an architectural function: enclosing the interior space. The six hundred square metres of glass – two thirds of which are original – is the largest example of 12th century glasswork. Reds and blues dominate, in contrast to the design of the 15th century western rose window. The elegant, aerial structure of the building seems to almost fade away before the splendour of the stained-glass windows, which tell the whole story of humanity as recounted in the Bible, from the Creation to Redemption by Christ.

The Sainte-Chapelle,
the windows of the upper chapel

Sainte-Chapelle,
sculpture d'apôtre
dans la chapelle haute
4, boulevard du Palais (1ᵉʳ)

Adossées aux colonnes qui marquent les travées, les statues des douze apôtres forment la décoration sculptée la plus importante de la chapelle haute. Elles appartiennent à deux styles différents : le premier, avec ses drapés souples, ses plis droits, ses visages aux traits fins et ses cheveux traités en boucles plates, dégage un sentiment de sérénité ; le second groupe témoigne de l'évolution de la statuaire médiévale : plis raides et cassés, visages traités en plan net comme cet apôtre au visage triste.

Leaning against the columns that frame the bays, the statues of the twelve apostles are the most important sculpted decorations in the upper chapel. They can be divided into two distinct styles: the first, with supple drapes, straight pleats, fine features, and curled hair evoke peaceful serenity; the second group bear witness to the evolution of the medieval statue: rigid drapes, bent pleats, and heads set face-on, as with the sad-looking apostle shown here.

The
Sainte-Chapelle,
statue of an apostle in the upper chapel

Sainte-Chapelle,
la chapelle basse
4, boulevard du Palais (1ᵉʳ)

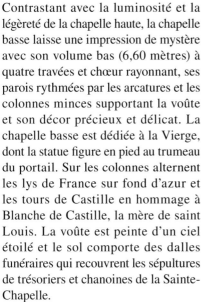

Contrastant avec la luminosité et la légèreté de la chapelle haute, la chapelle basse laisse une impression de mystère avec son volume bas (6,60 mètres) à quatre travées et chœur rayonnant, ses parois rythmées par les arcatures et les colonnes minces supportant la voûte et son décor précieux et délicat. La chapelle basse est dédiée à la Vierge, dont la statue figure en pied au trumeau du portail. Sur les colonnes alternent les lys de France sur fond d'azur et les tours de Castille en hommage à Blanche de Castille, la mère de saint Louis. La voûte est peinte d'un ciel étoilé et le sol comporte des dalles funéraires qui recouvrent les sépultures de trésoriers et chanoines de la Sainte-Chapelle.

In contrast to the light and space of the upper chapel, the lower chapel has an air of mystery with its reduced height of only 6.6 metres, four bays and shining choir. Slender columns support the vault and its delicate, precious ornamentation. The lower chapel is dedicated to the Virgin Mary and there is a statue of her on the tympanum above the portal. The columns are alternately decorated with fleurs de lys on a blue background and Castillian castles in homage to Blanche of Castille, the mother of Saint Louis. The vaults are painted in sky blue and the ground is paved with stones covering the tombs of the treasurers and canons of the Sainte-Chapelle.

The
Sainte-Chapelle,
the lower chapel

Île de la Cité

Chapelle Saint-Aignan,
l'extérieur
15, rue des Ursins (4ᵉ)

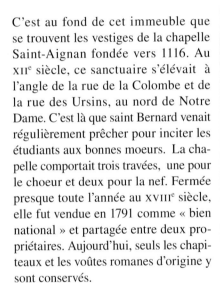

C'est au fond de cet immeuble que se trouvent les vestiges de la chapelle Saint-Aignan fondée vers 1116. Au XIIᵉ siècle, ce sanctuaire s'élevait à l'angle de la rue de la Colombe et de la rue des Ursins, au nord de Notre Dame. C'est là que saint Bernard venait régulièrement prêcher pour inciter les étudiants aux bonnes moeurs. La chapelle comportait trois travées, une pour le choeur et deux pour la nef. Fermée presque toute l'année au XVIIIᵉ siècle, elle fut vendue en 1791 comme « bien national » et partagée entre deux propriétaires. Aujourd'hui, seuls les chapiteaux et les voûtes romanes d'origine y sont conservés.

It is at the rear of this building that one finds the last traces of the Chapelle Saint-Aignan, founded around 1116. In the 12th century this sanctuary towered over the corner of the rue des Ursins, to the north of Notre-Dame. Saint Bernard regularly preached here to students, encouraging them to maintain high moral standards. The chapel has three bays, one for the choir and two for the nave. Closed nearly all the year round in the 18th century, it was finally sold off in 1791 by the Revolutionary regime as a "national asset" and divided into two separate properties. Today only the columns and Romanesque vaults remain.

Saint-Aignan chapel,
the exterior

Le marais
The marais

On prend toujours plaisir à flâner et à se perdre dans ses rues étroites chargées d'histoire. On passe du 3ᵉ arrondissement au 4ᵉ, comme on passe du Moyen Âge à la Renaissance. S'il reste beaucoup de vestiges du Moyen Âge dans cette partie de la capitale, la plupart sont dispersés : une tourelle par-ci, une entrée fortifiée par-là. Beaucoup de ces habitations donnent l'impression de remonter à cette époque, mais il n'en est rien. À part la pauvre maison de Nicolas Flamel, ce sont les églises, les cloîtres et quelques « bouts » d'hôtels qui datent du XIIIᵉ ou du XIVᵉ siècle. Pourtant, dès les XVᵉ et XVIᵉ siècles, les notables commencent à trouver le quartier chic et y font construire des demeures somptueuses. Mais c'est déjà une autre époque.

It is always a pleasure to roam around and lose oneself in the narrow streets of this historical district. You can go from the Middle Ages to the Renaissance in the time it takes to walk from the 3ʳᵈ *arrondissement* to the 4ᵗʰ. And although there are many remains from the Middle Ages in this part of the capital, their location is very scattered – a tower here, a fortified doorway there. Although it seems that many of the houses are medieval in origin, in fact none of them belong to that period. Apart from Nicolas Flamel's poor house, only churches, cloisters and a few "bits" of townhouses date from the 13ᵗʰ and 14ᵗʰ centuries. However, in the 15ᵗʰ and 16ᵗʰ centuries, important people found the district fashionable and had sumptuous dwellings built there. But that's another era.

Place de la Bastille

(11ᵉ arrondissement)

Il ne reste plus rien de la forteresse, la bastide Saint-Antoine, dont la première pierre fut posée en 1370 par le prévôt de Paris, Hugues Aubriot. Plus rien, sauf le dessin sur le pavage rue Saint-Antoine et boulevard Henri-IV. Ce qui donne une idée de la place forte, qui comprenait six tours reliées par des courtines. L'édifice était percé de trois portes, ce qui permettait au roi de quitter la ville discrètement.

Nothing is left of the fortress, the Bastide Saint-Antoine, the first stone of which was laid in 1370 by the Provost of Paris, Hugues Aubriot. Nothing remains but the outline on the pavement of the rue Saint-Antoine and boulevard Henri-IV. It gives some idea of the size of the building, which was made up of six towers that were joined by broad curtain walls. The walls were punctuated with three gates, which allowed the king to leave the city discretely.

Place de la Bastille

Le Marais
The Marais

Hôtel de Sens,
la façade sur rue
1, rue du Figuier (4ᵉ)

Les archevêques de Sens, qui faisaient de fréquents séjours à Paris, s'installèrent dans l'ancien hôtel d'Hestoménil, attribué par Charles V à Guillaume de Melun, lui-même archevêque de Sens. Mais c'est un autre archevêque, Tristan de Salazar, qui dirigea la construction de cette résidence civile, une des premières du XVᵉ siècle. Civile, mais bien gardée : ses trois tourelles d'angle – d'origine – permettaient de surveiller les alentours, et sur la façade, l'arcade en forme d'ogive abritait une meurtrière qui permettait de tirer à l'arbalète sur quiconque s'attaquait à la porte. Mais cet hôtel est surtout connu pour la vie dissolue qu'y mena la reine Margot en 1605.

The archbishops of Sens, who often stayed in Paris, had as their base the ancient hôtel d'Hestoménil, which was awarded by Charles V to Guillaume de Melun, himself an archbishop of Sens. But it was another archbishop, Tristan de Salazar, who directed the construction of this civil residence, one of the first of the 15th century. Civil it was, but nonetheless well-fortified: the three corner turrets – originally – kept watch over the area and the ribbed arch on the façade had a slit window which allowed a crossbow to fire upon anyone attacking the doorway. But this building is best known for the dissolute moments that Queen Margot (Marguerite of Valois) enjoyed here in 1605.

Hôtel
de Sens,
façade overlooking street

Hôtel de Sens,
la cour intérieure
1, rue du Figuier (4ᵉ)

Malgré les nombreuses reconstructions, l'hôtel a gardé son tracé médiéval, comme on peut le voir dans la cour. La tour donjon est pourvue d'un balcon en pierre à mâchicoulis : on pénètre dans ce donjon carré – d'origine – par une petite porte surmontée d'un tympan ogival qui ouvre sur un escalier à vis. Tout en haut, dans la tourelle, une petite chambre est ornée d'une magnifique cheminée.

Despite numerous reconstructions, the building has kept some medieval traces, as can be seen in the courtyard. The keep tower is endowed with a machicolated stone balcony and the original entrance to the square tower was through a small door with a ribbed tympanum that opened onto a spiral staircase. Right at the top in the turret is a small room with a magnificently decorated chimney.

Hôtel
de Sens,
the inner courtyard

Hôtel de Sens,
le jardin
1, rue du Figuier (4ᵉ)

À l'ouest, l'hôtel donne sur un magnifique jardin à la française qui annonce la Renaissance. Profondément remanié, l'hôtel a subi des aménagements successifs et l'intérieur a été entièrement restauré. La bibliothèque Forney, spécialisée dans les arts et les techniques, y est désormais installée.

To the west, the townhouse looks over a magnificent Renaissance-era French formal garden. Heavily modified, the building has undergone many successive developments and the interior has been completely restored. The Bibliothéque Forney, specializing in fine and decorative arts, occupies the building today.

Hôtel
de Sens,
the garden

Lycée Charlemagne,
l'enceinte Philippe-Auguste
Rue des Jardins-Saint-Paul (4ᵉ)

À gauche de l'ancienne entrée du lycée Charlemagne, on distingue une tour qui fait partie de la muraille de Philippe Auguste. L'enceinte, qui traversait la paroisse Saint-Paul, fait aujourd'hui partie intégrante du lycée. S'il est difficile de pénétrer dans le lycée pour l'admirer, il suffit de se promener le long des jardins Saint-Paul, aménagés à cet effet.

To the left of the former entrance to the Lycée Charlemagne can be seen a tower which was part of the Philippe-Auguste wall. The fortification, which crossed the parish of Saint-Paul, is today an integral part of the school. Although it is difficult to gain access to admire the construction, you can walk through the Saint-Paul gardens, created for this purpose.

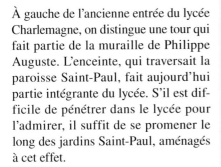

Lycée
Charlemagne,
the wall of Philippe-Auguste

Enceinte Philippe-Auguste,
la muraille
Rue des Jardins-Saint-Paul (4ᵉ)

Cette impressionnante muraille, qui suit le lycée Charlemagne d'un côté et les jardins Saint-Paul de l'autre, a été découverte en 1946. ; C'est la plus longue section conservée de cette enceinte – une centaine de mètres. Les deux tours sont distantes d'environ soixante mètres. Cette partie du rempart possède encore quelques créneaux, même si certains ont été obturés par des briques.

This impressive section of wall, which follows the Lycée Charlemagne on one side and the Saint-Paul gardens on the other, was discovered in 1946. At around 100 metres, it is the longest conserved section of the fortified wall. The two towers are around 60 metres apart. This part of the wall still has some crenellations, although several have been obscured by bricks.

The wall of Philippe-Auguste,
wall sections

Maison de ville de l'abbaye d'Ourscamp,
le cellier
44-46, rue François-Miron (4ᵉ)

L'abbaye d'Ourscamp, qui se trouve dans l'Oise au nord de la forêt de Compiègne, comptait plus de cinq cents moines en 1154. Une maison fut construite en ville pour accueillir le père abbé et les jeunes moines qui voulaient étudier la théologie dans la capitale. Elle servait aussi de magasins pour les récoltes de l'abbaye, que l'on entreposait et vendait dans ce magnifique cellier de près de 200 mètres carrés, aux trois nefs voûtées d'ogives et portées par six colonnes. Aujourd'hui restaurée, la maison accueille l'association Paris historique, qui s'occupe notamment des visites.

Ourscamp Abbey, in the Oise region north of the forest of Compiègne, housed more than 500 monks in 1154. A house was built in the city for the abbot and young monks studying theology in the capital. It was also used to sell the abbey's harvest that was stored and sold in this magnificent cellar nearly 200 square metres in area. It has three naves with ribbed vaults, held up by six columns. Today the restored house is looked after by the "Paris historique" association, which organizes visits.

The townhouse of Ourscamp abbey,
the cellar

Hôtel Hérouet,
le bâtiment
54, rue Vieille-du-Temple (3ᵉ)

À l'angle de la rue Vieille-du-Temple et de la rue des Francs-Bourgeois, l'hôtel Hérouet semble fier de sa tourelle octogonale sculptée d'un lacis de fines nervures qui s'entremêlent dans le plus pur style flamboyant. Cette tourelle, coiffée d'un toit en poivrière, est le seul vestige de l'hôtel construit par et pour Jean Hérouet, secrétaire de Louis XI, en 1510. Le reste du bâtiment date du XIXᵉ siècle.

On the corner of rue Vieille-du-Temple and rue des Francs-Bourgeois stands the Hôtel Hérouet, proudly possessing an octagonal turret that is beautifully sculpted in the purest Flamboyant style. The turret, topped with a pointed roof, is the only remaining vestige of the original building that was constructed by and for Jean Hérouet, secretary to Louis XI in 1510. The rest of the building dates from the 19th century.

Hôtel
Hérouet,
the building

Le Marais
The Marais

Enceinte Philippe-Auguste,
la tour
Crédit municipal de Paris, 55, rue des Francs-Bourgeois (4ᵉ)

C'est dans la cour nord du Crédit municipal que réapparaît un morceau de l'enceinte construite par Philippe Auguste. Même si cette tour a été surélevée en 1885 d'une tourelle abritant un escalier, on voit très bien la base, vestige originel de cette muraille qui « court » à travers Paris.

In the north courtyard of the Crédit Municipal bank another part of the Philippe-Auguste wall can be seen. Although this tower had a turret with a staircase added in 1885, the original base is still visible, a vestige of the wall that used to run around the whole of Paris.

The wall
of Philippe-Auguste,
tower

Hôtel de Clisson,
la porte d'entrée
58, rue des Archives (3ᵉ)

C'était une magnifique demeure, construite vers 1370-1375 par Olivier de Clisson, connétable de France sous Charles V. Il ne reste de cette époque que la porte d'entrée fortifiée en ogive entourée de deux tourelles en encorbellement, et le souvenir que c'est probablement dans ce lieu que fut organisé le massacre de la Saint-Barthélemy.

This was a magnificent residence, built around 1370–75 by Olivier de Clisson, commander of the French armies under Charles V. The only remaining parts from that era are the fortified entrance door and the two corbelled turrets – along with the memory that it was probably here that the St. Bartholomew's Day Massacre was organized.

Hôtel de Clisson,
front entrance

Cloître des Billettes,
intérieur
24, rue des Archives (4ᵉ)

En 1290, accusé de profanation après qu'une hostie, jetée dans l'eau bouillante, s'était mise à saigner, le juif Jonathas fut condamné au bûcher. On confisqua également sa maison et, à sa place, on érigea une chapelle expiatoire rappelant le miracle de l'hostie. En 1299, ce lieu fut confié par Philippe le Bel aux frères hospitaliers de la Charité de Notre-Dame, appelés « billettes » en raison des scapulaires qu'ils portaient sur leurs vêtements religieux. La chapelle fut transformée et l'on y ajouta un cloître.

In 1290, accused of profanation after a Communion host that had been thrown into boiling water began to bleed, Jonathas the Jew was sentenced to be burnt at the stake. His house was also confiscated and on its site an expiatory chapel was built to honour the miracle with the host. In 1299, it was entrusted by Philippe the Fair (Philip IV) to the Brothers Hospitallers of the Charité de Notre-Dame, known as "Billettes" (billets) because of the rectangular scapulars that they wore as part of their religious costume. The chapel was transformed and a cloister was added.

Les Billettes
cloister,
interior

Cloître des Billettes,
les arcades
24, rue des Archives (4ᵉ)

Le cloître des Billettes, de dimensions modestes, comporte quatre galeries de quatorze arcades flanquées de voûtes flamboyantes. Malheureusement, toutes les clés de voûtes, sauf une, ont été mutilées. Les constructions qui ont été édifiées au-dessus ne sont pas du meilleur goût, ce qui est regrettable, car il s'agit de l'un des rares cloîtres de Paris qui n'ait pas été détruit.

The modestly sized cloister is made up of four galleries of fourteen arches in Flamboyant style. Sadly, all the keystones but one have been disfigured. The constructions added above the arcades are also not in the best taste, which is a shame because this is one of the few remaining medieval cloisters in Paris.

Les Billettes
cloister,
the arcades

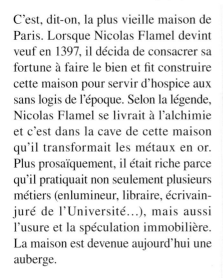

Maison de Nicolas Flamel

51, rue de Montmorency (3ᵉ)

C'est, dit-on, la plus vieille maison de Paris. Lorsque Nicolas Flamel devint veuf en 1397, il décida de consacrer sa fortune à faire le bien et fit construire cette maison pour servir d'hospice aux sans logis de l'époque. Selon la légende, Nicolas Flamel se livrait à l'alchimie et c'est dans la cave de cette maison qu'il transformait les métaux en or. Plus prosaïquement, il était riche parce qu'il pratiquait non seulement plusieurs métiers (enlumineur, libraire, écrivain-juré de l'Université…), mais aussi l'usure et la spéculation immobilière. La maison est devenue aujourd'hui une auberge.

It is said that this is the oldest house in Paris. Once Nicolas Flamel became a widower in 1397, he decided to leave his fortune for good works and had this house built as a hospice for homeless people. According to legend, Nicolas Flamel was an alchemist and it was in the cellar of this house that he transformed metal into gold. More prosaically, he was rich because he not only had several jobs (scrivener, manuscript-seller, university notary) but was also a money-lender and property dealer. Today the house is an inn.

The house of Nicolas Flamel

Église Saint-Nicolas-des-Champs,
la façade
254, rue Saint-Martin (3ᵉ)

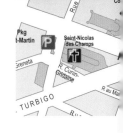

Implantée de biais pour suivre le tracé de la rue Saint-Martin le long de l'enceinte Philippe-Auguste, cette église fut d'abord une chapelle paroissiale. Devant l'augmentation de la population, essentiellement composée d'artisans et d'aubergistes, elle devint trop petite et, en 1420, on construisit l'église actuelle. Celle-ci présente notamment une tour clocher et une façade de style gothique flamboyant donnant sur la rue Saint-Martin, avec ses trois pignons juxtaposés, correspondant à la nef et à ses doubles bas-côtés.

Constructed at a slant to follow the rue Saint-Martin along the line of the ancient Philippe-Auguste wall, this church was originally a parish chapel. As the local population grew, consisting mainly of artisans and innkeepers, the church became too small and in 1420 the existing edifice was built. Notable features are the bell-tower and Flamboyant Gothic façade that overlooks the rue Saint-Martin, with three juxtaposed gables corresponding to the nave and its two lower side-aisles.

Saint-Nicolas-des-Champs church,
the façade

Église Saint-Nicolas-des-Champs,
la nef
254, rue Saint-Martin (3ᵉ)

La nef voûtée d'ogives est particulièrement élégante et harmonieuse. Malgré son surnom d'« église aux cent piliers », elle n'en comporte que quatre-vingt-dix-neuf, tous numérotés. Depuis 1418, des orgues médiévales ont été installées : transformées, restaurées, modernisées, les orgues de Saint-Nicolas-des-Champs offrent toujours de merveilleux concerts.

The ribbed-vault nave is particularly elegant and graceful. Despite the nickname of "the church with one hundred pillars", there are in fact only ninety-nine, each numbered. Since 1418 it has possessed a medieval organ, that was later altered, restored, and modernised. The organ of Saint-Nicolas-des-Champs still puts on superb concerts.

Saint-Nicolas-des-champs church,
the nave

184

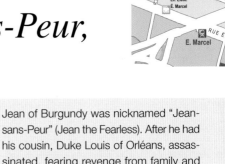

Tour Jean-sans-Peur,
la façade
20, rue Étienne-Marcel (2ᵉ)

C'est Jean de Bourgogne que l'on surnomma Jean sans Peur. Après qu'il eut fait assassiner son cousin germain le duc Louis d'Orléans, craignant la vengeance de la famille et des proches, il fit construire au centre de son hôtel, pourtant bien défendu par de solides murailles avec créneaux, une tour où il pouvait se réfugier en cas d'attaque. Il mourut tout de même assassiné à son tour, mais loin de chez lui, au pont de Montereau, par les Armagnacs qui soutenaient les Orléans.

Jean of Burgundy was nicknamed "Jean-sans-Peur" (Jean the Fearless). After he had his cousin, Duke Louis of Orléans, assassinated, fearing revenge from family and friends, he had a well-fortified tower with battlements built in the centre of his townhouse, in which he could seek refuge in case of attack. Nonetheless, he too was assassinated, but far from home, on the Montereau bridge, by Armagnacs who supported the cause of the Orléans family.

Jean-sans-Peur
tower,
the façade

Tour Jean-sans-Peur,
la tour
20, rue Étienne-Marcel (2ᵉ)

Haute de 27 mètres et large de 4 mètres, la fameuse tour s'appuie sur l'enceinte Phillippe-Auguste, que l'on aperçoit sur la gauche. Au premier étage, un passage de quelques mètres permettait d'accéder à l'intérieur d'une des tours de l'enceinte, comme le montre le dessin gravé. La chambre de Jean de Bourgogne était située au dernier étage de cette tour, qui se terminait par une plate-forme à créneaux.

At a height of twenty-seven metres and a width of four metres, the tower is supported by the Phillippe-Auguste wall, which is visible on the left. On the first floor a passage a few metres long gives access to the interior of one of the wall's towers, as the engraving shows. Jean of Burgundy's bedroom is situated on the top floor of the tower, which has a crenellated platform at the top.

Jean-sans-Peur
tower,
the tower

Tour Jean-sans-Peur,
l'escalier
20, rue Étienne-Marcel (2ᵉ)

Pour accéder à cette chambre, il fallait grimper les cent quarante marches d'un escalier à vis entièrement voûté. Son pivot se transformait au sommet en un pavillon de feuillages formé de branches de chêne, symbole de la puissance de la maison de Bourgogne. Cette sculpture de pierre est unique à Paris.

The bedroom is at the top of a spiral staircase of forty steps, all of it vaulted. The central pole is transformed at the summit into a design of foliage formed from oak branches, the symbol of power of the House of Burgundy. This sculpture is the only one of its kind in Paris.

Jean-sans-Peur tower,
the staircase

Église Saint-Laurent,
la façade
68, boulevard de Strasbourg (10ᵉ)

Reconstruite à la fin du Moyen Âge, c'est une des plus anciennes églises du nord de la capitale. L'ancienne église du VIᵉ siècle, à laquelle était associé un monastère, n'a pas survécu à l'invasion normande, en raison surtout de sa situation hors des murs de la ville. Une nouvelle église fut érigée en paroisse en 1180. Devenue trop petite, elle fut agrandie au XVᵉ siècle : c'est l'église actuelle, de pur style gothique flamboyant.

Reconstructed at the start of the end of the Middle Ages, this is one of the oldest churches in the north of the capital. The original church on this site dated from the 6th century and was part of a monastery, but did not survive the Norman invasion because of its location outside the city's walls. A new church was erected in the parish in 1180. Not big enough, it was enlarged in the 15th century; and that is the church we see today, built in pure Flamboyant Gothic style.

Saint-Laurent
church,
the façade

Église Saint-Laurent,
le chœur
68, boulevard de Strasbourg (10ᵉ)

La structure de la nef et du chœur est de style gothique : voûtes à pénétration, fenêtres hautes, déambulatoire à clefs de voûtes sculptées. Saint-Laurent reste un lieu de pèlerinage et une foire se tient à proximité au mois d'août. Des concerts d'orgue y sont donnés régulièrement.

The structure of the nave and choir is of the Gothic style: ribbed vaults, high windows, and an ambulatory with sculpted vaults. Saint-Laurent is still a place of pilgrimage and a fair is held around August each year. Organ concerts take place regularly.

Saint-Laurent church,
the choir

Le Louvre
The Louvre

Difficile d'imaginer, quand on traverse les Tuileries et qu'on regarde cette magnifique place encore embellie par la pyramide de Pei, que le Louvre fut d'abord une forteresse, avant de devenir le plus grand musée du monde. Et c'est dans ses fondations et dans les cryptes que l'on peut retrouver les vestiges du Louvre médiéval : l'enceinte de Philippe Auguste, celle de Charles V. Dans le musée, le Moyen Âge a aussi ses salles et fait la part belle à de nombreuses sculptures qui ne figurent plus dans les églises. À l'extrémité est de cet immense bâtiment, rue du Louvre, se dressent la magnifique église de Saint-Germain-l'Auxerrois et, plus loin, la tour Saint-Jacques entièrement rénovée.

As you walk through the Tuileries and look at the magnificent courtyard now dominated by Pei's glass pyramid, it is difficult to imagine that the Louvre was originally a fortress before it became the biggest museum in the world. And it is in the foundations and crypts underground that one finds most traces of the medieval Louvre: the fortifications built by Philippe Auguste and Charles V. There are rooms dedicated to the Middle Ages in the museum itself, and numerous statues taken from medieval churches. Opposite the eastern end of the enormous building, in rue du Louvre, stands the magnificent church of Saint-Germain l'Auxerrois; slightly further along is the tower of Saint-Jacques, which has now been completely restored.

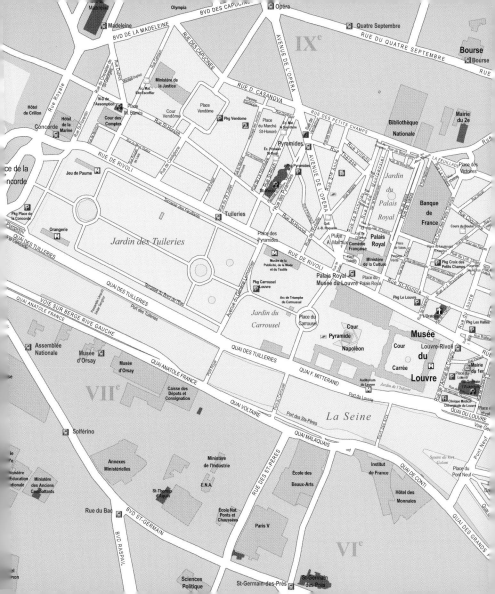

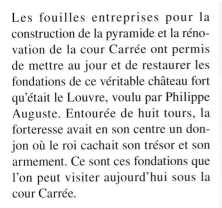

La forteresse de Philippe-Auguste

Musée du Louvre, cour Napoléon (Ier)

Les fouilles entreprises pour la construction de la pyramide et la rénovation de la cour Carrée ont permis de mettre au jour et de restaurer les fondations de ce véritable château fort qu'était le Louvre, voulu par Philippe Auguste. Entourée de huit tours, la forteresse avait en son centre un donjon où le roi cachait son trésor et son armement. Ce sont ces fondations que l'on peut visiter aujourd'hui sous la cour Carrée.

The excavations that were undertaken for the construction of the pyramid and the renovation of the Carrée courtyard allowed the foundations of the original Louvre stronghold – another construction project undertaken by Philippe Auguste – to be brought to light and restored. Surrounded by eight towers, the fortress had at its centre a keep where the king kept his treasure and armaments. These foundations are now on view to the public beneath the Carrée courtyard.

The fortress of Philippe-Auguste

Le Louvre,
le donjon de Philippe Auguste
Musée du Louvre, cour Napoléon (1ᵉʳ)

C'est après les invasions normandes que Philippe Auguste a décidé de construire une vraie forteresse à l'intérieur de l'enceinte. C'est peu dire que ce véritable château fort entouré de douves, dont on voit encore aujourd'hui les impressionnantes fondations, devait assurer la protection de ses habitants. Avant d'être un musée magnifique, le Louvre était une forteresse et, grâce aux fouilles archéologiques, on peut aujourd'hui en mesurer la puissance.

Following incursions by Norman forces into Paris, Philippe Auguste decided to construct a proper fortress inside the city walls. Needless to say, this veritable stronghold surrounded by moats, the impressive foundations of which we still see today, was intended to protect the inhabitants. Before it became a magnificent museum, the Louvre was a fortress and, thanks to recent archeological digs, we are still able to see just how strong it was.

The Louvre,
Philippe-Auguste's keep

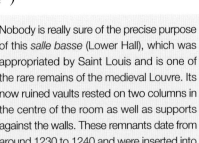

Le Louvre,
la salle Saint-Louis
Musée du Louvre, cour Napoléon (1er)

On ne sait pas très bien quelle était la fonction de cette « salle basse » que s'appropria saint Louis, et qui représente un des rares vestiges du Louvre médiéval. Ses voûtes, à présent détruites, reposaient sur deux colonnes placées au centre de la salle ainsi que sur des supports muraux. Dans son état actuel, les voûtements remontent aux années 1230-1240 et ont été insérés dans la maçonnerie antérieure.

Nobody is really sure of the precise purpose of this *salle basse* (Lower Hall), which was appropriated by Saint Louis and is one of the rare remains of the medieval Louvre. Its now ruined vaults rested on two columns in the centre of the room as well as supports against the walls. These remnants date from around 1230 to 1240 and were inserted into the previous masonry.

The Louvre,
the hall of Saint-Louis

e Louvre
he Louvre

Le Louvre de Charles V,
l'enceinte
Sous la place du Carrousel

À partir de 1364, début du règne de Charles V, le château défensif devint, grâce à l'architecte Raymond du Temple, une somptueuse résidence royale. L'enceinte qu'il résolut de construire en 1380 sur la rive droite incluait le Louvre dans la ville, ce qui n'était pas le cas jusqu'à cette date. Les fouilles archéologiques ont permis de confirmer que cette enceinte se déployait sur 90 mètres de profondeur. Contrairement à celle de Philippe-Auguste, elle était construite en terre. Le fossé de l'enceinte occupait les zones inondables de l'ancien bras mort de la Seine.

From 1364, the start of the reign of Charles V, the fortified castle became – thanks to the architect Raymond du Temple – a sumptuous royal residence. The surrounding wall that he had built in 1380 on the Right Bank joined the Louvre to the rest of the city for the first time. Archeological digs have established that the wall was more than 90 metres deep. Unlike the defensive wall built by Philippe-Auguste, this one was made from earth. The ditch was located in the floodplains of a former oxbow lake of the Seine river.

The louvre of Charles v,
the wall

Saint-Germain-l'Auxerrois,
la façade
2, place du Louvre (1er)

Flanquée de deux tours octogonales entourant une rosace, la façade de Saint-Germain-l'Auxerrois possède une corniche à balustres de pierre qui fait le tour de l'église. La statue de saint Michel, archange du jugement dernier, trône à son sommet. Quant au porche, il partage avec la sainte chapelle ses cinq baies en arc brisé. On peut voir, à gauche, l'adoration des Rois mages et, à droite, la cène. Trois églises se sont succédé avant l'église actuelle qui, au XIIe siècle, a pris le nom de « l'Auxerrois », en l'honneur de saint Germain, évêque d'Auxerre.

Flanked by two octagonal towers surrounding a rose-window, the façade of Saint-Germain-l'Auxerrois has a cornice with a stone balustrade that goes all around the church. The statue of Saint Michael the Archangel stands at the top. As for the parvis, it has five arched bays, the same as the Sainte-Chapelle. One can see on the left the Three Wise Men and on the right the Last Supper. Three other churches were built on this site before the current one, which in the 12th century was given the name of "l'Auxerrois" in honour of Saint Germain, bishop of Auxerre.

Saint-Germain-l'Auxerrois church,
the façade

Saint-Germain-l'Auxerrois,
le portail
2, place du Louvre (1ᵉʳ)

Le portail central derrière le porche, d'un vrai style gothique flamboyant, date du XIIIᵉ siècle. Des vierges sages côtoient les vierges folles, les apôtres et les anges, sculptés dans la pierre. Au trumeau a été installée la statue de saint Germain d'Auxerre que l'on a récemment retrouvée dans un caveau de l'église.

The central door behind the parvis is in authentic Flamboyant Gothic style and dates from the 13th century. Wise virgins mix with foolish ones, along with apostles and angels, all sculpted in stone. On the trumeau is a statue of Saint Germain of Auxerre that was recently discovered in the church's cellar.

Saint-Germain-l'Auxerrois church,
the parvis

Saint-Germain-l'Auxerrois

e Louvre
The Louvre

Saint-Germain-l'Auxerrois,
le clocher
2, place du Louvre (1er)

Cette église est associée au sinistre souvenir de la Saint-Barthélemy : c'est de là que partit le coup d'arquebuse qui tua l'amiral de Coligny. Et c'est sa cloche qui donna le signal du massacre au soir du 23 août 1572 – à la différence qu'elle n'était pas, à l'époque, installée dans ce clocher, mais dans une petite tour de l'église. La partie inférieure du clocher est de pur style roman du XIIe siècle.

This church has some dark associations with the St. Bartholomew's Day Massacre: the arquebus shot that was to kill Admiral Coligny was fired from here and it was this bell that gave the signal to start the massacre on the night of August 23, 1572. The difference was that at the time the bell was not in the bell-tower, but in a smaller tower of the church. The lower part of the bell-tower is of pure Romanesque style from the 13th century.

Saint-Germain-l'Auxerrois church,
the bell-tower

Saint-Germain-l'Auxerrois,
la nef
2, place du Louvre (1er)

Le porche, le transept, les chapelles latérales situées au nord de la nef et la nef elle-même, reconstruite entre 1420 et 1440, forment un ensemble harmonieux, caractéristique du style flamboyant de l'époque. On voit bien que cette paroisse jouissait d'une certaine puissance. C'était la paroisse du Louvre.

The parvis, transept, the side aisles to the north of the nave, and the nave itself, rebuilt between 1420 and 1440, go very well togetherand are characteristic of the Flamboyant style of the time. It is easy to see that this parish enjoyed considerable prestige: it was the parish of the Louvre palace.

Saint-Germain-l'Auxerrois church,
the nave

Saint-Germain-l'Auxerrois

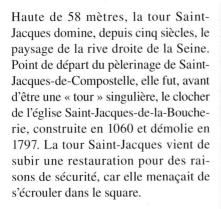

Tour Saint-Jacques

Square de la tour Saint-Jacques, 39, rue de Rivoli (4ᵉ)

Haute de 58 mètres, la tour Saint-Jacques domine, depuis cinq siècles, le paysage de la rive droite de la Seine. Point de départ du pèlerinage de Saint-Jacques-de-Compostelle, elle fut, avant d'être une « tour » singulière, le clocher de l'église Saint-Jacques-de-la-Boucherie, construite en 1060 et démolie en 1797. La tour Saint-Jacques vient de subir une restauration pour des raisons de sécurité, car elle menaçait de s'écrouler dans le square.

At a height of 58 metres, the tower of Saint-Jacques has dominated the landscape of the Right Bank of the Seine for five centuries. The starting point for the Way of St. James pilgrimage , it was – before it became a free-standing tower – the bell-tower of the church of Saint-Jacques-de-la-Boucherie that was built in 1060 and demolished in 1797. The tower has been recentlyrestored for reasons of safety, as it threatened to collapse into the square below.

Saint-Jacques tower

Montmartre
Montmartre

Au VIe siècle, Montmartre n'était qu'un petit hameau en haut d'une butte avec pour seule église une chapelle en bois. Saint-Pierre-de-Montmartre, appelée en 1133 l'« abbaye des dames », vaut le détour, car c'est un des rares vestiges médiévaux du quartier. Il faut imaginer cette colline verdoyante, plantée de vignes, égayée par quelques moulins et fermes. On est bien loin du quartier populaire que Montmartre est devenu aujourd'hui. Le Sacré-Cœur y est beaucoup plus visité que Saint-Pierre ; ce qui est bien dommage.

In the 6th century Montmartre was just a little hamlet on top of a hill with nothing but a wooden chapel. Saint-Pierre de Montmartre, founded in 1133, and nicknamed the "ladies' abbey", is worth a visit, being one of the rare medieval remains in the area. Imagine the hill as it once was: green with vines, decorated with windmills and a few farmsteads. It is a long way from the popular urban neighbourhood that Montmartre later became and these days the Sacré Cour is visited much more frequently than Sainte-Pierre. It's a shame.

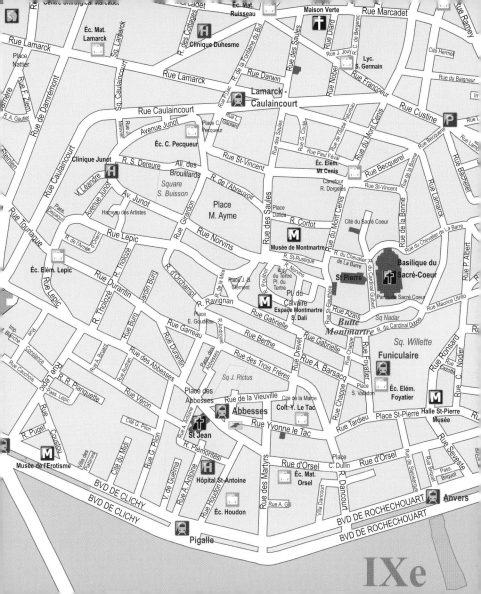

IXe

Saint-Pierre-de-Montmartre

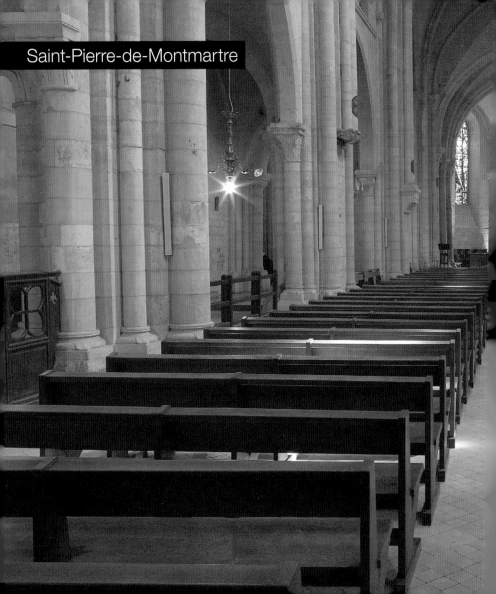

Saint-Pierre-de-Montmartre

Saint-Pierre-de-Montmartre,
la nef
2, rue du Mont-Cenis (18ᵉ)

En 1134, Louis VI et la reine Adélaïde de Savoie décidèrent la création d'une abbaye pour les femmes, au sommet de la butte, sur le site présumé du martyre de saint Denis et de ses compagnons. Ce furent des bénédictines qui s'y installèrent, venant de Saint-Pierre-des-Dames de Reims. La nef, qui a gardé son aspect d'origine, est constituée de quatre travées séparées de chaque bas-côté par un rang de six piliers.

In 1134 Louis VI and Queen Adélaïde of Savoy decided to create an abbey for women at the top of the *butte* [hill], on the presumed site of the martyrdom of Saint Denis and his companions. It was Benedictine monks from Saint-Pierre-des-Dames of Reims who first settled here. The nave, which is original, is made up of four separate bays, separated from each aisle by a row of six pillars.

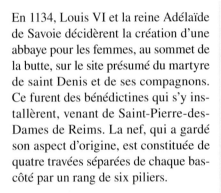

Saint-Pierre-de-Montmartre,
the nave

Saint-Pierre-de-Montmartre,
la pierre tombale
2, rue du Mont-Cenis (18ᵉ)

Adélaïde de Savoie, fondatrice de l'abbaye, s'y retira en 1153. Elle fut inhumée en 1154 devant le maître-autel du chœur. Il reste aujourd'hui un fragment de la pierre tombale sur laquelle on devine l'effigie de la reine.

Adélaïde of Savoy, founder of the abbey, retired here in 1153. She was buried in 1154 in front of the high altar of the choir. Part of the tombstone remains upon which you can still make out an effigy of the queen.

Saint-Pierre-de-Montmartre,
the tombstone

Saint-Denis

Même si Saint-Denis est devenu célèbre pour son stade ultramoderne, la ville n'en abrite pas moins un chef-d'œuvre de l'art gothique que tout amateur se doit de visiter. À quelques stations de métro du centre de Paris, la basilique Saint-Denis fut pendant des siècles l'une des plus prestigieuses abbayes françaises : c'est là que la monarchie choisit d'enterrer ses rois et de construire de fabuleux tombeaux. À la fin du Moyen Âge, la bibliothèque du monastère était la plus importante du royaume. Les faveurs royales, l'activité économique florissante, notamment grâce aux foires médiévales, ont permis un développement riche et durable du bourg monastique, dès l'époque carolingienne.

Although Saint-Denis is today famous for its ultramodern stadium, the town is home to Gothic masterpieces that are well worth visiting. A few Métro stops from central Paris, the Saint-Denis Basilica was for centuries one of the most prestigious French abbeys: it was there that the monarchy chose to bury its kings and build beautiful tombs. At the end of the Middle Ages, its library was the biggest in the kingdom. The town of Saint-Denis was built in the shadow of the monastery. Royal favour and flourishing economic activity – notably thanks to medieval fairs – meant that the monastic town saw a rich and durable development during the Carolingian dynasty.

Basilique Saint-Denis,
la façade sud
1, rue de la Légion-d'honneur, Saint-Denis (93)

Les environs du Paris de cette époque appartiennent pour la plupart aux grands établissements religieux. Saint-Denis en fait partie : son monastère détient une grande parcelle au nord qui va de Neuilly à Aubervilliers. Une grande abbaye se développa grâce aux Mérovingiens au Ier siècle. Mais c'est à l'abbé Suger, très influent sur les plans politique (auprès des rois Louis VI et Louis VII) et théologique, que l'on doit l'idée de cette grande abbaye. La construction débuta en 1122, par la façade, suivant une harmonie trinitaire : deux tours encadrant la partie centrale et trois étages en élévation ; pour la première fois, on voit apparaître une grande rose au-dessus du porche. La tour nord a été détruite au XIXe siècle.

The outskirts of Paris at that time were mostly owned by large religious establishments and Saint-Denis was no exception: the monastery had extensive landholdings to the north of the city, from Neuilly to Aubervilliers. A large abbey was built here thanks to the Merovingians in the 7th century. But it was Abbot Suger, who was highly influential in politics (with the kings Louis VI and Louis VII) and as a theologian to whom we owe the idea of the grand abbey. Construction started in 1122 with the façade, according to a trinitarian notion of harmony: two towers framing a central part and three levels high; and for the first time a rose window above the entrance. The north tower was destroyed in the 19th century.

Saint-Denis
basilica,
south façade

Basilique Saint-Denis,
la façade nord
1, rue de la Légion-d'honneur, Saint-Denis (93)

Pour le portail nord (appelé aussi portail des Valois), construit vers 1240, on a réutilisé le portail sculpté attribué à Suger : le tympan figurant le martyre de saint Denis ainsi que sa décapitation ; les statues-colonnes représentent les rois de l'Ancien Testament. Au XIIᵉ siècle, le transept fut percé de grandes roses, dont celle qui orne l'entrée de la façade nord.

The north portal (also known as the Valois portal) was built in 1240, and the original portal attributed to Suger was reused: the tympanum shows the martyrdom of Saint Denis and his decapitation. The column statues represent the kings of the Old Testament. In the 12th century, the transept was decorated with large rose windows, including the one above the north façade.

Saint-Denis
basilica,
north façade

Basilique Saint-Denis,
l'abbatiale
1, rue de la Légion-d'honneur, Saint-Denis (93)

Le vaisseau central de l'église abbatiale, devenue cathédrale en 1966, est un monument majeur de l'architecture gothique. L'abbé Suger et, plus tard, saint Louis voulurent que ce lieu devînt la nécropole des rois de France. En pénétrant dans la cathédrale, on est ému par la solennité et la simplicité du lieu. La nef prévue par Suger, qui devait par sa structure préfigurer celle de Notre-Dame de Paris, ne vit pas le jour. Ce fut Pierre de Montreuil qui, en 1265, construisit la nef actuelle, avec son triforium ajouré, ses hautes fenêtres composées et ses minces supports le long des parois.

The central aisle of the church, which became a cathedral in 1966, is a major monument of Gothic architecture. Abbot Suger and later Saint Louis intended this to be the burial place of French kings. As you enter the cathedral you are touched by the solemnity and simplicity of the place. The nave designed by Suger, which would have foreshadowed that of Notre-Dame de Paris, was never built. It was Pierre de Montreuil who built the present nave in 1265, with its decorated triforium, high windows, and slender supporting columns along the walls.

Saint-Denis basilica,
the abbey church

Basilique Saint-Denis,
le tombeau de Dagobert
1, rue de la Légion-d'honneur, Saint-Denis (93)

Le roi mérovingien Dagobert fut le premier monarque à être enterré dans la basilique en 639. Pour rendre hommage à celui que l'on considérait comme le bienfaiteur de l'abbaye, les religieux du XIIIe siècle construisirent à sa gloire ce monument à l'endroit même où il fut inhumé.

On a dit cependant que l'âme de Dagobert était vouée aux enfers. Son tombeau raconte donc l'histoire de son âme, représentée sur une barque, entourée de petits démons, puis sauvée par saint Denis, saint Martin et saint Maurice et emmenée au ciel. Ce tombeau a été abîmé et restauré plusieurs fois au cours des siècles.

The Merovingian king Dagobert was the first monarch to be buried in the basilica, in 639. In tribute to the monarch considered to be the abbey's benefactor, this monument was built in the 12th century and dedicated to him on the spot where he lay buried.

It was said, however, that Dagobert's soul was initially destined for Hell. The tomb tells the story, showing a boat surrounded by small demons, which was finally saved by Saint Denis, Saint Martin, and Saint Maurice, and taken to Heaven instead. The tomb has been damaged and restored many times over the centuries.

Saint-Denis basilica,
Dagobert's tomb

Basilique Saint-Denis,
la commande de saint-Louis
1, rue de la Légion-d'honneur, Saint-Denis (93)

Louis IX (saint Louis), canonisé en 1297, était tout particulièrement attaché à Saint-Denis. Il n'eut de cesse que de renforcer le caractère de nécropole royale de la basilique, notamment en commandant, vers 1263, une première série de seize gisants. Le gisant (forme du verbe « gésir », « être allongé ») est une sculpture représentant un personnage couché sur le dos. Il subsiste aujourd'hui quatorze de ces sculptures originales, conçues sur le modèle des statues-colonnes qui décorent les portails d'église. En ce XIIIᵉ siècle, elles figuraient parmi les premières sculptures funéraires réalisées pour l'abbaye de Saint-Denis.

Louis IX (Saint Louis), canonised in 1297, was particularly attached to Saint-Denis. He never stopped trying to emphasize the role of the basilica as the royal resting-place, particularly by commissioning an initial series of sixteen effigies around 1263. An effigy is usually a sculpture that represents a full-length person, normally deceased and lying on their back. Today fourteen of the original sculptures remain, based on the model the column-statues that decorate the church's portals. In the 13ᵗʰ century they were among the first funerary sculptures to be made for the abbey.

Saint-Denis basilica,
the commission of Saint-Louis

Basilique Saint-Denis,
tombeaux royaux
1, rue de la Légion-d'honneur, Saint-Denis (93)

Avec plus de soixante-dix gisants et tombeaux monumentaux, la nécropole royale de la basilique s'impose aujourd'hui comme le plus important ensemble de sculptures funéraires du XIIe au XVIe siècle. On trouve plus de soixante-dix gisants à Saint-Denis. Outre les quatorze gisants de la commande de saint Louis, il y a de nombreux tombeaux de Capétiens : Philippe III le Hardi, Isabelle d'Aragon, Philippe IV le Bel, Louis X le Hutin, Jean Ier le roi enfant. On trouve aussi des tombeaux de Valois : Philippe VI de Valois, Jean II le Bon, Charles V, Charles VI, Isabeau de Bavière. On trouve encore des sculptures de princes ou de rois provenant d'autres lieux : Clovis, Childebert, Frédégonde, Charles d'Anjou, les ducs d'Orléans, mais aussi des tombeaux de serviteurs de la monarchie : Du Guesclin, Louis de Sancerre.

With more than seventy effigies and monumental tombs, the resting-place of the kings of France is preserved today as one of the largest collections of funerary sculptures dating from the 12th to 16th centuries. As well as the fourteen effigies from the time of Saint Louis, there are many Capetian tombs: Philippe (III) the Bold, Isabelle d'Aragon, Philippe (IV) the Fair, Louis X and Jean the child king. There are also many tombs from the House of Valois: Philippe VI, Jean II, Charles V, Charles VI, and Isabeau of Bavaria. There are also sculptures of many other kings and princes: Clovis, Childebert, Frédégonde, Charles of Anjou, the dukes of Orléans, and many who served the monarchy: Bertrand Du Guesclin and Louis de Sancerre.

Saint-Denis basilica,
the royal tombs

Basilique Saint-Denis,
le chœur
1, rue de la Légion-d'honneur, Saint-Denis (93)

Le chœur de Saint-Denis est consacré le deuxième dimanche du mois de juin 1144. Pour consacrer les vingt autels, Suger convie le roi de France, tous les pairs du royaume, les archevêques et évêques de Sens, Senlis, Beauvais, Soissons, Chartres, Reims… Éblouis par la nouvelle abbaye, ils retournent dans leurs diocèses avec le désir d'égaler, voire de surpasser cette extraordinaire réalisation. Le temps des cathédrales consacrera la victoire de Suger et de son projet révolutionnaire à l'époque.

The choir at Saint-Denis and its twenty altars was consecrated on the second Sunday of the month of June in 1144. To mark this event, Abbot Suger invited the king of France, all of the peers of the French realm, the bishops and archbishops of Sens, Senlis, Beauvais, Soissons, Chartres, Reims, and other dignitaries. Awestruck by the new abbey, they returned to their dioceses with the wish to equal or even surpass the amazing building. Suger's revolutionary project was to have a profound effect on his era.

Saint-Denis
basilica,
the choir

Basilique Saint-Denis,
la crypte
1, rue de la Légion-d'honneur, Saint-Denis (93)

La basilique fut construite sur l'emplacement d'un cimetière gallo-romain, lieu de sépulture de Denis martyrisé vers 250. Du Vᵉ au XIVᵉ siècle, son histoire s'est embellie de légendes. La plus célèbre est celle qui le présente portant sa tête décapitée, de Montmartre, lieu supposé de son martyre, à Saint-Denis, lieu de son inhumation. L'église abrite sous le chœur une crypte où se trouvent les corps de saint Denis et de ses compagnons, martyrs eux aussi.

The basilica was built on the site of a Gallo-Roman cemetery, the burial place of Saint Denis, who was martyred around 250. Many legends about him grew up between the 5th and the 9th centuries. The most famous is the one that tells how the saint carried his own severed head from Montmartre – the site of his martyrdom – to Saint-Denis, where he was buried. The cathedral houses a crypt below the choir where lie the remains of Saint Denis and his companions, also martyrs.

Saint-Denis basilica,
the crypt

Saint Denis
Saint Denis

Basilique Saint-Denis,
la pierre tombale de la reine Frédégonde
1, rue de la Légion-d'honneur, Saint-Denis (93)

De nombreuses pierres tombales inhumées dans des églises parisiennes furent rapatriées dans la nécropole des rois. Ainsi l'épouse de Childéric Iᵉʳ, décédée en 596, fut d'abord inhumée dans l'église Saint-Germain-des-Prés. Ce n'est qu'au XIXᵉ siècle que sa pierre tombale fut transférée à Saint-Denis.

Many tombstones that were originally located in Parisian churches have been brought to the burial site of kings. That is why the spouse of Childéric I, who died in 596, was originally buried in the church of Saint-Germain-des- Prés. The tombstone was not moved to Saint-Denis until the 19th century.

Saint-Denis basilica,
the tombstone of queen Frédégonde

Basilique Saint-Denis,
Vierge en majesté
1, rue de la Légion-d'honneur, Saint-Denis (93)

Cette statue, qui date du milieu du XIIe siècle, est aujourd'hui à Saint-Denis. Jusqu'à la Révolution, elle était vénérée dans une chapelle de Saint-Martin-des-Champs. Elle porte le nom de Vierge de la Carole, mot qui désignait en ancien français le déambulatoire.

This statue dates from the middle of the 12th century and is today located in Saint-Denis. Until the French Revolution it was worshipped in a chapel of Saint-Martin-des-Champs. It is known as the *Vierge de la Carole*, an ancient French word for the ambulatory.

Saint-Denis
basilica,
the Virgin majestic

Basilique Saint-Denis,
Charles v et son épouse (gisants)
1, rue de la Légion-d'honneur, Saint-Denis (93)

Le gisant de Charles V, réalisé de son vivant, représente le roi à l'âge de 26 ans. Il constitue la seule sculpture épargnée du tombeau du couple royal. Les statues du soubassement formant un cortège funéraire sont manquantes. Le gisant de la reine provient du tombeau de l'église des Célestins de Paris où sont enterrées ses entrailles. Jeanne de Bourbon est figurée de façon réaliste et elle tient à la main le sachet en peau de daim où l'on place ses viscères.

The effigy of Charles V, made while he was still alive, shows the king aged twenty-six. It is the only sculpture that was saved from the tomb of the royal couple. The sculptures from the foundations, forming a funeral procession, are missing. The effigy of the queen came from the tomb in the Célestins church in Paris where her remains are buried. The realistically styled statue of Joanna of Bourbon shows her holding a deerskin bag, in which her entrails would have been placed.

Saint-Denis basilica,
Charles v and his wife

Sommaire

Table of contents

Éditrice : Volcy Loustau
Directeur artistique : Camille Durand-Kriegel
Fabrication : Amandine Sevestre

Relecture correction : Marianne Colombier
Traduction anglaise : Thomas Clegg et Roland Hall
Plans : © Intercarto

© Hachette-Livre, Éditions du Chêne, 2009

Nuart : 34/2187/2
ISBN : 978-2-81230-025-7
Dépôt légal : avril 2009

Imprimé en Espagne par Graficas Estella